# Sammlung
# Außerdeutscher Strafgesetzbücher

Herausgegeben von den Schriftleitungen

der

Zeitschrift für die gesamte Strafrechtswissenschaft

und der

Mitteilungen der Internationalen Kriminalistischen Vereinigung

XLVI.

## Das Türkische Strafgesetzbuch

Berlin und Leipzig 1927

Walter de Gruyter & Co.

vormals G. J. Göschen'sche Verlagshandlung — J. Guttentag, Verlagsbuchhandlung — Georg Reimer — Karl J. Trübner — Veit & Comp.

# Das Türkische Strafgesetzbuch

vom 1. März 1926

Gesetz Nr. 765

(Türkisches Gesetzblatt Nr. 320 vom 13. März 1926)

## Das Ausführungsgesetz zum türkischen Strafgesetzbuch

vom 26. April 1926

Deutsche Übersetzung

von

Dr. iur. Kurt Ziemke

Berlin und Leipzig 1927

Walter de Gruyter & Co.

vormals G. J. Göschen'sche Verlagshandlung — J. Guttentag, Verlagsbuchhandlung — Georg Reimer — Karl J. Trübner — Veit & Comp.

# Inhaltsverzeichnis.

Seite
Ausführungsgesetz zum Strafgesetzbuch . . . . . . . . . . . . . . . . 9

## Türkisches Strafgesetzbuch.

Erstes Buch. Allgemeine Bestimmungen.

Erster Teil. Die Anwendung des Strafgesetzbuches. §§ 1—10 . . . . 20
Zweiter Teil. Strafen. §§ 11—30 . . . . . . . . . . . . . . . . . . . 23
Dritter Teil. Die Wirkungen und die Vollstreckung der Strafurteile. §§ 31 bis 43 . . . . . . . . . . . . . . . . . . . . . . . . . . . 29
Vierter Teil. Zurechnungsfähigkeit und Gründe, welche sie aufheben oder mildern. §§ 44—60 . . . . . . . . . . . . . . . . . . . . 31
Fünfter Teil. Versuch. §§ 61—63 . . . . . . . . . . . . . . . . . . . 35
Sechster Teil. Teilnahme an Vergehen und Übertretungen. §§ 64—67 36
Siebenter Teil. Zusammentreffen mehrerer Straftaten und Strafen. §§ 68—80 . . . . . . . . . . . . . . . . . . . . . . . . . 37
Achter Teil. Rückfall. §§ 81—88 . . . . . . . . . . . . . . . . . . . 40
Besonderer Abschnitt. Bewährungsfrist. §§ 89—95 . . . . . . . . 42
Neunter Teil. Erlöschen der Strafverfolgung und der Strafe. §§ 96—120 43
Zehnter Teil. Wiederverleihung untersagter Rechte. §§ 121—124 . . . 47

Zweites Buch. Vergehen.

Erster Teil. Vergehen gegen die Sicherheit des Staates.

Abschnitt 1. Vergehen gegen das Vaterland. §§ 125—145 . . . . . . 47
Abschnitt 2. Vergehen gegen die Staatsgewalt. §§ 146—163 . . . . . 51
Abschnitt 3. Vergehen gegen die Staatsoberhäupter und Gesandten fremder Regierungen. §§ 164—167 . . . . . . . . . . . . . . . 54
Abschnitt 4. Gemeinsame Bestimmungen zu den vorhergehenden Abschnitten. §§ 168—173 . . . . . . . . . . . . . . . . . . . . . 55

Zweiter Teil. Vergehen gegen die Freiheit.

Abschnitt 1. Vergehen gegen die politische Freiheit. § 174 . . . . . . 56
Abschnitt 2. Vergehen gegen die religiöse Freiheit. §§ 175—178 . . . . 56
Abschnitt 3. Vergehen gegen die persönliche Freiheit. §§ 179—192 . . 58
Abschnitt 4. Vergehen gegen die Unverletzlichkeit der Wohnung. §§ 193 bis 194 . . . . . . . . . . . . . . . . . . . . . . . . . . . 60
Abschnitt 5. Vergehen gegen die Unverletzlichkeit von Geheimnissen; §§ 195—200 . . . . . . . . . . . . . . . . . . . . . . . . . 61
Abschnitt 6. Vergehen gegen die Freiheit der Arbeit. § 201 . . . . . 62

Seite

Dritter Teil. Vergehen gegen die öffentliche Verwaltung.

Abschnitt 1. Unterschlagung im Amte. §§ 202—208 . . . . . . . . . 62
Abschnitt 2. Amtsuntreue. §§ 209—210 . . . . . . . . . . . . . . . 64
Abschnitt 3. Bestechung. §§ 211—227 . . . . . . . . . . . . . . . 64
Abschnitt 4. Mißbrauch der Amtsgewalt und Verletzung der Amtspflichten. §§ 228—240 . . . . . . . . . . . . . . . . . . . . . 67
Abschnitt 5. Vergehen, die von einem Imam, einem Moscheeprediger, einem Gottesdiener oder Geistlichen begangen werden. §§ 241—242 70
Abschnitt 6. Mißhandlung von Personen durch Staatsbeamte. §§ 243 bis 251 . . . . . . . . . . . . . . . . . . . . . . . . . . 70
Abschnitt 7. Anmaßung eines Amtes, eines Titels oder einer Würde. §§ 252—253 . . . . . . . . . . . . . . . . . . . . . . . . 72
Abschnitt 8. Widerstand gegen die Staatsgewalt und Auflehnung gegen die Gesetze. §§ 254—265 . . . . . . . . . . . . . . . . . . 72
Abschnitt 9. Vergehen gegen Amtsträger. §§ 266—273 . . . . . . . 74
Abschnitt 10. Siegelbruch und Verstrickungsbruch. §§ 274—277 . . 76
Abschnitt 11. Verschaffung eines Vorteils durch Behauptung von Beziehungen zu Staatsbeamten. § 278 . . . . . . . . . . . . . . 77
Abschnitt 12. Gemeinsame Bestimmungen zu den vorhergehenden Abschnitten. §§ 279—281 . . . . . . . . . . . . . . . . . . . . 77

Vierter Teil. Vergehen gegen die Rechtspflege.

Abschnitt 1. Verweigerung gesetzlich obliegender Pflichten. § 282 . . 78
Abschnitt 2. Erheuchelung eines Vergehens und Täuschung amtlicher Behörden. §§ 283—284 . . . . . . . . . . . . . . . . . . . . 78
Abschnitt 3. Falsche Anschuldigung. § 285 . . . . . . . . . . . . 78
Abschnitt 4. Falsche Zeugenaussage und Meineid. §§ 286—293 . . . 79
Abschnitt 5. Amtsuntreue von Rechtsanwälten und Prozeßvertretern. §§ 294—295 . . . . . . . . . . . . . . . . . . . . . . . . . 81
Abschnitt 6. Begünstigung. §§ 296—297 . . . . . . . . . . . . . . 82
Abschnitt 7. Entweichen aus dem Arresthaus oder Gefängnis und Beihilfe dazu. §§ 298—307 . . . . . . . . . . . . . . . . . . . . 82
Abschnitt 8. Eigenmächtige Rechtsausübung. §§ 308—310 . . . . . . 85

Fünfter Teil. Vergehen gegen die öffentliche Ordnung.

Abschnitt 1. Aufforderung zur Begehung eines Vergehens. §§ 311—312 86
Abschnitt 2. Vereinigung zur Begehung eines Vergehens. §§ 313—315 86

Sechster Teil. Vergehen gegen das öffentliche Vertrauen.

Abschnitt 1. Falschmünzerei und Geldfälschung. §§ 316—326 . . . . 87
Abschnitt 2. Fälschung staatlicher Siegel und Stempel . §§ 327—338 88
Abschnitt 3. Urkundenfälschung. §§ 339—349 . . . . . . . . . . . 90
Abschnitt 4. Fälschung von Personalausweisen, Zugehörigkeitsausweisen, Pässen, Erlaubnisscheinen, Bescheinigungen, Zeugnissen und Attesten. §§ 350—357 . . . . . . . . . . . . . . . . . . . . . . . . . 92
Abschnitt 5. Betrügereien im Handel und bei einer Versteigerung. §§ 358—368 . . . . . . . . . . . . . . . . . . . . . . . . . 94

Seite

Siebenter Teil. Vergehen gegen die öffentliche Wohlfahrt.

Abschnitt 1. Brandstiftung, Überschwemmung, Versenkung und andere gemeingefährliche Vergehen. §§ 369—384 . . . . . . . . . . . . 96
Abschnitt 2. Vergehen gegen Beförderungsmittel und gegen das Nachrichtenwesen. §§ 385—393 . . . . . . . . . . . . . . . . . . . . 98
Abschnitt 3. Vergehen gegen die Gesundheit und Ernährung. §§ 394—410 99
Abschnitt 4. Gemeinsame Bestimmungen zu den vorhergehenden Abschnitten. §§ 411—413 . . . . . . . . . . . . . . . . . . . . 102

Achter Teil. Vergehen gegen die Sittlichkeit und die Familienordnung.

Abschnitt 1. Notzucht, Verführung Jugendlicher und Verletzung des Schamgefühls. §§ 414—428 . . . . . . . . . . . . . . . . . . . . 102
Abschnitt 2. Entführung von Mädchen, Frauen und Männern. §§ 429 bis 434 . . . . . . . . . . . . . . . . . . . . . . . . . . . . 105
Abschnitt 3. Kuppelei. §§ 435—436 . . . . . . . . . . . . . . . . . 106
Abschnitt 4. Gemeinsame Bestimmungen zu den vorhergehenden Abschnitten. §§ 437—439 . . . . . . . . . . . . . . . . . . . . . 107
Abschnitt 5. Ehebruch. §§ 440—444 . . . . . . . . . . . . . . . . 107
Abschnitt 6. Personenstandsfälschung. §§ 445—447 . . . . . . . . . . 108

Neunter Teil. Vergehen gegen Personen.

Abschnitt 1. Tötung eines Menschen. §§ 448—455 . . . . . . . . . . 108
Abschnitt 2. Körperverletzung. §§ 456—460 . . . . . . . . . . . . . 110
Abschnitt 3. Gemeinsame Bestimmungen zu den vorhergehenden Abschnitten. §§ 461—467 . . . . . . . . . . . . . . . . . . . . . 111
Abschnitt 4. Abtreibung. §§ 468—472 . . . . . . . . . . . . . . . . 113
Abschnitt 5. Aussetzung von Kindern und hilflosen Personen sowie Nichtleistung von Beistand an Personen, die sich in Lebensgefahr befinden. §§ 473—476 . . . . . . . . . . . . . . . . . . . . . 114
Abschnitt 6. Mißbrauch von Erziehungs- und Züchtigungsmitteln sowie Mißhandlung von Angehörigen. §§ 477—479 . . . . . . . . . . . 115
Abschnitt 7. Üble Nachrede und Beleidigung. §§ 480—490 . . . . . 115

Zehnter Teil. Vergehen gegen das Eigentum.

Abschnitt 1. Diebstahl. §§ 491—494 . . . . . . . . . . . . . . . . 118
Abschnitt 2. Raub, räuberischer Überfall und erpresserische Entführung. §§ 495—502 . . . . . . . . . . . . . . . . . . . . . . . . . 120
Abschnitt 3. Betrug und Bankrott. §§ 503—507 . . . . . . . . . . . 121
Abschnitt 4. Unterschlagung. §§ 508—511 . . . . . . . . . . . . . . 121
Abschnitt 5. Hehlerei. § 512 . . . . . . . . . . . . . . . . . . . . 122
Abschnitt 6. Besitzstörung. §§ 513—515 . . . . . . . . . . . . . . 123
Abschnitt 7. Sachbeschädigung. §§ 516—521 . . . . . . . . . . . . . 123
Abschnitt 8. Gemeinsame Bestimmungen zu den vorhergehenden Abschnitten. §§ 522—525 . . . . . . . . . . . . . . . . . . . . . 125

Drittes Buch. Übertretungen.

Erster Teil. Übertretungen gegen die öffentliche Ordnung.

Abschnitt 1. Nichtbefolgung von Anordnungen zuständiger Behörden. §§ 526—529 . . . . . . . . . . . . . . . . . . . . . . . . . 126

Seite
Abschnitt 2. Unterlassung der Anzeige von einem Vergehen. § 530 127
Abschnitt 3. Münzübertretungen. §§ 531—532 . . . . . . . . . . . . 127
Abschnitt 4. Übertretungen, betreffend die Ausübung des Druckereigewerbes, den Vertrieb von Druckschriften und den Aushang von Anzeigen. §§ 533—538 . . . . . . . . . . . . . . . . . . . . . . 128
Abschnitt 5. Unerlaubte Schaustellung und unerlaubte Betriebseröffnung. §§ 539—543 . . . . . . . . . . . . . . . . . . . . . . 128
Abschnitt 6. Bettelei. §§ 544—545 . . . . . . . . . . . . . . . . . 129
Abschnitt 7. Belästigung des Publikums. §§ 546—548 . . . . . . . 130

Zweiter Teil. Übertretungen gegen die öffentliche Wohlfahrt.

Abschnitt 1. Übertretungen in bezug auf Waffen und Explosivstoffe. §§ 549—551 . . . . . . . . . . . . . . . . . . . . . . . . . . 130
Abschnitt 2. Einsturz und fahrlässige Unterlassung einer Ausbesserung. §§ 552—554 . . . . . . . . . . . . . . . . . . . . . . . . . . 131
Abschnitt 3. Übertretungen in bezug auf Signale und Vorrichtungen zum öffentlichen Nutzen. §§ 555—557 . . . . . . . . . . . . . . 131
Abschnitt 4. Wegwerfen von Gegenständen. §§ 558—559 . . . . . . 132
Abschnitt 5. Übertretungen betreffend fahrlässige Bewachung Geisteskranker. §§ 560—562 . . . . . . . . . . . . . . . . . . . . . . 132
Abschnitt 6. Übertretungen in bezug auf die Führung und Beaufsichtigung von Wagen und Tieren. §§ 563—565 . . . . . . . . . . . 133
Abschnitt 7. Andere gemeingefährliche Übertretungen. § 566 . . . . 133

Dritter Teil. Übertretungen gegen die guten Sitten.

Abschnitt 1. Glücksspiele. §§ 567—570 . . . . . . . . . . . . . . . 134
Abschnitt 2. Trunkenheit. §§ 571—575 . . . . . . . . . . . . . . . 135
Abschnitt 3. Übertretungen in bezug auf die Sittlichkeit. § 576 . . . 135
Abschnitt 4. Tierquälerei. § 577 . . . . . . . . . . . . . . . . . . 135

Vierter Teil. Übertretungen in bezug auf den Schutz von Eigentum.

Abschnitt 1. Besitz von Gegenständen, deren Eigentum nicht bewiesen werden kann. § 578 . . . . . . . . . . . . . . . . . . . . . . 136
Abschnitt 2. Fahrlässige Unterlassung im Betriebe eines Handelsgeschäfts oder einer Pfandleihe. §§ 579—581 . . . . . . . . . . . . . . . 136
Abschnitt 3. Verkauf von Schlüsseln und Dietrichen sowie unerlaubtes Öffnen von Schlössern. §§ 582—583 . . . . . . . . . . . . . . . 137
Abschnitt 4. Der Gebrauch unzulässiger Maße und Gewichte. § 584 137
Schlußbestimmungen. §§ 585—592 . . . . . . . . . . . . . . . . . . 137

# Ausführungsgesetz zum Strafgesetzbuch.

Erster Teil.

## Vorschriften über die Ausführung einiger Bestimmungen des Strafgesetzbuchs.

**§ 1.** Der Justizminister bestimmt das Gericht, das in den Fällen der §§ 3—8 des Strafgesetzbuches auf Antrag des Justizministers ein Strafverfahren einzuleiten und durchzuführen hat.

**§ 2.** Das nach § 9 des Strafgesetzbuches zuständige Gericht hat bei der Prüfung der Staatsangehörigkeit die von dem zuständigen Ministerium als maßgeblich bezeichneten Schriftstücke und Beweismittel zu berücksichtigen.

**§ 3.** Die Bestimmungen in den §§ 13 und 15 des Strafgesetzbuches betreffend die Einzelhaft bei Verbüßung der Zuchthaus- und Gefängnisstrafe sowie die Bestimmungen der §§ 14 und 17 werden seitens des Justizministeriums der Reihe nach an den Orten ausgeführt, an denen entsprechende Strafanstalten errichtet worden sind.

**§ 4.** Sobald mit der Ausführung des vorhergehenden Paragraphen 3 begonnen worden ist, gelten folgende Bestimmungen: Wenn jemand die Hälfte seiner Strafzeit bei guter Führung verbüßt hat und die Erlaubnis erbittet, den Rest der Strafzeit gemäß den Bestimmungen im § 14 des Strafgesetzbuches durch Arbeitsleistung zu verbüßen, so ist für die Erteilung dieser Erlaubnis und gegebenenfalls für den Widerruf dieser Erlaubnis das Justizministerium zuständig, das auf Grund eines Gutachtens des Strafanstaltsausschusses und eines Berichts des Staatsanwalts bei dem ordentlichen Gerichte entscheidet. Das Verfahren wird durch ein Gesuch in Gang gesetzt, das der Verurteilte dem Leiter der Strafanstalt einreicht. Mußte die Erlaubnis widerrufen werden, so wird der Verurteilte, nachdem das Justizministerium seine Genehmigung erteilt hat, von der Staatsanwaltschaft wieder in den früheren Zustand zurückgeführt. Maßgeblich für den Widerruf ist der Bericht des Leiters der Anstalt, in der der Verurteilte gearbeitet hat.

**§ 5.** Sowie mit der Ausführung des § 3 begonnen worden ist, gelten folgende Bestimmungen: Hat jemand drei Viertel seiner Zuchthausstrafe bei guter Führung oder die Hälfte seiner Gefängnisstrafe bei guter Führung verbüßt, so ist für die Entscheidung über die bedingte Entlassung gemäß den Bestimmungen der §§ 14 und 17 des Strafgesetzbuches sowie gegebenenfalls für den Widerruf dieser Entscheidung der Vorsitzende des Spruchgerichts zuständig. Die Entscheidung bedarf einer Bestätigung durch das Justizministerium. Das Verfahren wird durch ein Gesuch in Gang gesetzt, das der Verurteilte dem Leiter der Strafanstalt einreicht. Der Leiter übersendet dieses Gesuch nebst einem Bericht über die Führung und die etwaige Besserung des Verurteilten und einem Gutachten des Strafanstaltsausschusses dem Staatsanwalt des Spruchgerichts. Der Staatsanwalt kann alsdann noch weitere für erforderlich gehaltene Ermittlungen anstellen und übergibt die Schriftstücke alsdann mit einem Gutachten dem Vorsitzenden des Spruchgerichts. Von dort werden die Akten mit dem Entwurf der Entscheidung dem Justizministerium übersandt. Der etwaige Widerruf der Entscheidung geschieht auf Antrag der Staatsanwaltschaft durch Entscheidung des Vorsitzenden des Spruchgerichts, worauf der Verurteilte in den früheren Zustand zurückgeführt wird. Der Sachverhalt ist dem Justizministerium zu melden.

Das Verfahren über den Widerruf wird auf Antrag der örtlichen Polizeibehörde an die Staatsanwaltschaft im Rahmen der Bestimmungen über die bedingte Entlassung in Gang gebracht.

**§ 6.** Rechtskräftige Urteile über schwere oder leichte Geldstrafen werden von der Staatsanwaltschaft der Vollstreckungsabteilung übersandt. Diese Abteilung stellt dem Verurteilten gemäß den Bestimmungen der §§ 19 und 24 des Strafgesetzbuches Zahlungsaufforderung zu, und wenn der Verurteilte innerhalb der gesetzlich vorgeschriebenen Frist nicht zahlt, so wird, ohne daß es eines besonderen Antrages bedarf, auf Grund einer Entscheidung des Leiters der Vollstreckungsabteilung von Amts wegen die Zwangsvollstreckung gegen das Vermögen des Verurteilten eingeleitet.

Sind pfändbare Gegenstände nicht vorhanden, so wird das Urteil der Staatsanwaltschaft zurückgegeben, und letztere läßt es gemäß den Bestimmungen des § 19 Absatz 3 und 4 durch Gefängnis vollstrecken.

**§ 7.** In den Fällen der §§ 19, letzter Absatz, und 22 des Strafgesetzbuches wird das nähere Verfahren betreffend die Verrichtung von Arbeitsleistungen von dem Staatsanwalt mit der zuständigen Behörde vereinbart. Der Verurteilte ist verpflichtet, an dem ihm von dem Staatsanwalt bestimmten Termin für die Ableistung der Arbeit zu erscheinen. Erscheint er nicht, dann wird das Urteil mit Gefängnis vollstreckt.

Die Höhe des Lohnes, den der Verurteilte als Gegenwert für die Arbeitsleistung von der Behörde, der er überwiesen ist, zu erhalten hat, wird durch besondere Verordnung festgesetzt. Der Lohn fällt an die Regierung. Die beschäftigende Behörde ist verpflichtet, für die Beköstigung des Verurteilten während der Beschäftigungsdauer zu sorgen. Der Wert der Beköstigung wird auf den Lohn angerechnet.

**§ 8.** Personen, denen gemäß § 21 letzter Absatz des Strafgesetzbuches erlaubt worden ist, die Freiheitsstrafe in ihrer Behausung abzubüßen, können sie sowohl in ihrer eigenen Wohnung als auch in einer anderen Wohnung abbüßen. Jedoch müssen der Ehegatte des Verurteilten oder seine Eltern oder sein Vormund oder der Eigentümer oder Mieter der betreffenden anderen Wohnung sich verpflichten, daß die gesetzlichen Bestimmungen eingehalten werden. Im Falle der Zuwiderhandlung gegen die Verpflichtung ist nach den Vorschriften des § 60 des Strafgesetzbuches zu verfahren.

Unter Jugendlichen im Sinne des § 21 des Strafgesetzbuches sind Kinder männlichen Geschlechts zu verstehen, die das achtzehnte Lebensjahr nicht vollendet haben. Der Ausdruck Frauen bezieht sich im allgemeinen auch auf Mädchen.

**§ 9.** Die Strafe des gemäß den Bestimmungen der §§ 26 und 27 des Strafgesetzbuches zu erteilenden richterlichen Verweises wird zusammen mit dem eigentlichen Urteil beschlossen, und dieser Beschluß ist in das genannte Urteil einzusetzen; eine Woche nach Rechtskraft des Urteils wird der Beschluß ausgeführt. An dem für die Ausführung festgesetzten Tage hat der Verurteilte bei Verkündung die ihm vorgelegte Aufforderung zu unterschreiben. Ist die Stellung einer besonderen Bürgschaft vom Gericht für erforderlich gehalten worden, so muß vor der Ausführung der Strafe des Verweises die Höhe der Bürgschaft festgesetzt, in den Beschluß des Gerichtes eingesetzt und dem Verurteilten mitgeteilt worden sein. Leistet der Verurteilte in der obengenannten Frist die Bürgschaft nicht, so wird die eigentliche Strafe vollstreckt. Bei Abwesenheitsurteilen kann nicht auf richterlichen Verweis erkannt werden.

**§ 10.** In den Fällen, in denen gemäß § 33 des Strafgesetzbuches eine Verurteilung zu mehr als fünf Jahren Zuchthaus die gesetzliche Entmündigung für die Dauer der Strafzeit nach sich zieht, wird eine Abschrift des Urteils bis spätestens innerhalb zwei Monaten nach Beginn des Strafvollzuges von der Staatsanwaltschaft zwecks Ausführung der Bestimmungen im § 357 des Bürgerlichen Gesetzbuches an das Friedensgericht des Ortes gesandt, wo der Verurteilte seinen Wohnsitz hat.

Von dem Augenblick des Strafantritts an sind jede Verfügungen von Verurteilten der im § 33 des Strafgesetzbuches behandelten Art ungültig, auch wenn ein Pfleger für sie noch nicht bestellt worden ist. Die Bestimmung des § 33 berührt nicht die dem Friedensrichter auf Grund des Bürgerlichen Gesetzbuches auferlegten Pflichten in bezug auf die Personen, die zu einer Freiheitsstrafe von mehr als einem Jahre verurteilt worden sind.

**§ 11.** Zur Ausführung der Bestimmungen im § 47 letzter Absatz des Strafgesetzbuches und der Bestimmungen in den §§ 4 und 5 dieses Gesetzes wird bei jedem Gerichtsgefängnis und bei jeder neu zu errichtenden Strafanstalt ein Strafanstaltsausschuß gebildet. Dieser Strafanstaltsausschuß steht unter dem Vorsitz des für das Gerichtsgefängnis oder die Strafanstalt örtlich zustehenden Staatsanwaltes und setzt sich aus dem örtlichen Gendarmeriekommandanten, dem Regierungsarzt oder dem städtischen Arzt, aus dem Leiter des Gerichtsgefängnisses oder der Strafanstalt sowie aus einem von der Rechtsanwaltschaft zu wählenden Mitglied zusammen, falls an dem Ort eine Rechtsanwaltschaft vorhanden ist.

**§ 12.** Die vom Gericht aufzuerlegenden Beschränkungen bei der in den §§ 28 und 42 des Strafgesetzbuches behandelten Stellung unter Polizeiaufsicht sind folgende: Verbot des Aufenthaltes in gewissen von der örtlichen Polizei zu bestimmenden Orten während einer bestimmten Zeit; Meldung jedes Wohnungswechsels an die Ortspolizei und Ansuchen um Erlaubnis; Meldung bei der Polizei der Orte, die auf dem Wege zum Aufenthaltsort passiert werden, und zwar vor der jedesmaligen Abreise; sofortige persönliche Meldung bei der Ortspolizei am Tage der Ankunft am Aufenthaltsort.

Diese Beschränkungen können vom Gericht aufgehoben oder gemildert werden.

**§ 13.** Lautet das strafrechtliche Urteil gegen Geisteskranke oder Taubstumme gemäß den Bestimmungen der §§ 46 und 58 des Strafgesetzbuches auf Überweisung an die Polizei zwecks einstweiliger Bewachung, so beantragt der Staatsanwalt des Spruchgerichts einen Beschluß auf Überführung in ein Krankenhaus oder in eine Besserungsanstalt bei der örtlichen Zivilbehörde. Der Vorsitzende der Zivilbehörde hat den erforderlichen Beschluß zu erlassen. Der Vorsitzende der Zivilbehörde ist ermächtigt, den Geisteskranken je nach dem Ergebnis der späteren ärztlichen Untersuchung wieder in Freiheit zu setzen oder ihn dauernd einer Irrenanstalt oder einer Besserungsanstalt zu übergeben. Er kann auch, sofern die Anstalt keine Bedenken hat, die Übergabe an die Familie beschließen, falls diese sich verpflichtet, für Unterhalt und Bewachung zu sorgen. Begeht der Geisteskranke infolge fahrlässiger Bewachung eine strafbare Tat, so finden die Bestimmungen des § 60 des Strafgesetzbuches Anwendung. Das in diesem Paragraphen beschriebene Verfahren muß spätestens innerhalb von drei Tagen beendigt werden, gerechnet von dem Zeitpunkt an, wo der Geisteskranke auf Grund des Gerichtsbeschlusses der Polizei zur vorübergehenden Bewachung übergeben worden ist.

**§ 14.** Die Kosten, die aus der Ausführung des vorhergehenden Paragraphen und der §§ 405 und 573 des Strafgesetzbuches entstehen, sind aus dem Justizbudget, Kapital Geldstrafen, zu decken.

**§ 15.** § 30 des Strafgesetzbuches findet auch Anwendung auf die Urteile, die vor Inkrafttreten des Strafgesetzbuches rechtskräftig geworden sind oder mit deren Vollstreckung vorher begonnen worden ist.

**§ 16.** Jugendliche, die gemäß § 53 des Strafgesetzbuches wegen eines Vergehens einer Besserungsanstalt übergeben werden müssen, können, wenn sich eine derartige Anstalt an ihrem Wohnort nicht befindet, einer anderen Anstalt innerhalb der Provinz übergeben werden, in deren Bezirk der Gerichtskreis liegt. Vor Überweisung hat sich die örtliche Staatsanwaltschaft mit der Regierung entsprechend zu verständigen. Die Kosten für die Überführung des Jugendlichen sind aus dem Kapitel Geldstrafen zu decken.

Der Staatsanwalt ist auch zuständig für die Überweisung der Jugendlichen an ihre Eltern gegen entsprechende Verpflichtung.

**§ 17.** § 2 des Strafgesetzbuches findet nach Maßgabe folgender Bestimmungen Anwendung auf Urteile, die vor Inkrafttreten des Strafgesetzbuches rechtskräftig geworden sind, oder mit deren Vollstreckung vorher begonnen worden ist:

1. Handelt es sich um Urteile, die vor Inkrafttreten des Strafgesetzbuches rechtskräftig geworden sind, oder mit deren Vollstreckung vorher begonnen worden ist und lauten sie auf die gleiche Strafart, wie sie für die gleiche Tat im neuen Strafgesetzbuch vorgesehen ist, so werden sie ohne Rücksicht auf die Höhe der Strafe, wie erkannt, vollstreckt.

2. Urteile, die eine Verurteilung zu Zwangsarbeit oder Festungshaft aussprechen, werden unter Berücksichtigung der Bestimmungen im § 588 des Strafgesetzbuches vollstreckt. Befindet sich der zu Festungshaft Verurteilte in einem dem Spruchgericht angegliederten Gefängnis, so hat er die Wahl, ob er die Verweisung an einen anderen Ort oder die weitere Vollstreckung in dem Gefängnis des Ortes vorzieht, an dem er zurzeit seine Strafe verbüßt. Zieht er die Verweisung vor, so ist für die Anwendung des § 18 des Strafgesetzbuches das Gericht des Ortes zuständig, an dem sich das Gefängnis befindet. Dieses Verfahren wird auf Grund eines Antrages des örtlich zuständigen Staatsanwaltes ausgeführt, nachdem letzterer den Verurteilten befragt hat.

Die Kosten für die Beförderung des Verurteilten an den Ort der Verweisung sind aus dem Budget des Innenministeriums zu decken.

3. Die zu lebenslanger Verweisung Verurteilten bleiben an ihrem Orte.

4. Rechtskräftige Urteile wegen Straftaten, die nach dem alten Gesetz mit Abschreckungsstrafen und nach dem neuen Gesetz mit Gefängnis bedroht sind, werden unter Berücksichtigung der Bestimmungen des neuen Gesetzes vollstreckt, und zwar mit der in diesem Gesetz vorgesehenen Mindeststrafe.

5. Urteile wegen Taten, die nach dem alten Gesetz als Vergehen geahndet werden und nach dem neuen Gesetz nicht mehr als Vergehen gelten, werden nicht vollstreckt.

Verurteilte, die infolge eines Urteils dieser Art bei Inkrafttreten dieses Gesetzes sich in Strafhaft befanden, werden unverzüglich in Freiheit gesetzt.

6. Enthalten Urteile, die vor Inkrafttreten des Strafgesetzbuches rechtskräftig geworden sind, oder mit deren Vollstreckung vorher begonnen worden ist, als Nebenstrafen den Verlust der bürgerlichen Rechte und die Stellung unter Polizeiaufsicht, so werden diese Nebenstrafen nach den Vorschriften des neuen Gesetzes vollstreckt.

7. Urteile wegen Taten, die nach dem alten Gesetz ausschließlich mit Gefängnis und nach dem neuen Gesetz ausschließlich mit Geldstrafe bedroht sind, werden gemäß den Vorschriften des § 19 über die Umwandlung mit Geldstrafe vollstreckt.

Die Ausführung der Bestimmungen dieses Paragraphen erfolgt, mit Ausnahme des Falles zu Nr. 2, ohne daß es eines Gerichtsbeschlusses bedarf, von Amts wegen durch die Staatsanwaltschaft.

**§ 18.** § 2 des neuen Strafgesetzbuches findet Anwendung auf die bei Inkrafttreten dieses Gesetzes schwebenden Strafverfahren wegen Taten, die zur Zeit der Geltung des alten Gesetzes begangen worden sind.

Handelt es sich um Urteile, die zur Zeit des Inkrafttretens des neuen Strafgesetzbuches noch nicht rechtskräftig geworden waren aber später infolge des Umstandes, daß keine Rechtsmittel eingelegt wurden, rechtskräftig geworden sind, so wird nach dem vorhergehenden Paragraphen verfahren.

**§ 19.** Bei der Strafzumessung für ein Vergehen, das nach besonderen Gesetzen mit Zwangsarbeit oder Festungshaft bedroht ist, gelten die Bestimmungen des neuen Strafgesetzbuches.

**§ 20.** Taten, die in vor Inkrafttreten des neuen Gesetzes veröffentlichten besonderen Gesetzen mit Gefängnis zum Höchstbetrag von einem Jahre oder nur mit Geldstrafe nicht über zweihundert Pfund bedroht sind, gelten als Übertretungen.

Bei der Bestimmung der Art einer Tat, die außer mit Gefängnis noch mit Geldstrafe bedroht ist, bleibt die Geldstrafe unberücksichtigt. Taten, die je nach ihrer Schwere mit einer im bestimmten Verhältnis zu ermäßigenden oder zu erhöhenden Geldstrafe bedroht sind, gelten als Vergehen.

**§ 21.** Wer vor oder während der Verbüßung einer auf Grund des alten Strafgesetzbuches verhängten und rechtskräftig gewordenen Strafe ein anderes Vergehen begeht, wird, wenn das Verfahren wegen dieses neuen Vergehens bei Inkrafttreten des neuen Strafgesetzbuches noch schwebt, nach den Bestimmungen des neuen Gesetzes bestraft.

Hat jemand die auf Grund des alten Gesetzes verhängte Strafe verbüßt und begeht er bei Inkrafttreten des neuen Gesetzes ein anderes Vergehen, so finden auf die Zumessung der Strafe die §§ 587 und 588 des neuen Strafgesetzbuches Anwendung.

Ist das nach Inkrafttreten des neuen Strafgesetzbuches begangene neue Vergehen unter Berücksichtigung der Bestimmungen des alten Gesetzbuches nicht der gleichen Art wie das frühere Vergehen, so finden, wenn beide Vergehen nach dem neuen Gesetz als Vergehen der gleichen Art gelten, für das spätere Vergehen die Bestimmungen des neuen Gesetzes über den Rückfall Anwendung.

**§ 22.** Sind die Bestimmungen des alten und des neuen Strafgesetzbuches über die Verjährung untereinander verschieden, so sind die für den Beschuldigten oder für den Verurteilten günstigeren Bestimmungen in Anwendung zu bringen.

Jedoch gelten hinsichtlich der Unterbrechung oder Aussetzung der Verjährungsfrist die Bestimmungen des neuen Gesetzes.

**§ 23.** Hat jemand mehrere Taten begangen, so erfolgt die Durchführung des Verfahrens durch das Gericht, das für die mit der schwersten Strafe bedrohte Tat zuständig ist.

Fällt bei dem Zusammentreffen mehrerer Taten eine unter die Zuständigkeit des ordentlichen Gerichts, so ist letzteres auch für die Entscheidung über die anderen, sonst zur Zuständigkeit des Friedensrichters gehörenden Taten zuständig.

Stellt sich bei der Verhandlung heraus, daß eine Strafsache, die dem ordentlichen Gericht zuständigkeitshalber zugeleitet worden war, eigentlich zur Zuständigkeit des Friedensrichters gehört, so bleibt das ordentliche Gericht trotzdem für die Beendigung des Verfahrens zuständig.

**§ 24.** Handelt es sich um mehrere Taten, die durch Einzelbestimmungen eines Paragraphen eines besonderen Gesetzes mit verschiedenartigen Strafen bedroht sind, so ist die Art der mit einer höheren Strafe bedrohten Tat ohne Einfluß auf das besondere Verfahren, das nach den Bestimmungen über die Zuständigkeit für die anderen Taten etwa erforderlich ist, wobei die Fälle ausgenommen bleiben, in denen Vergehen und Übertretungen zusammentreffen.

## Zweiter Teil.

## Ergänzungsbestimmungen zum Gerichtsverfassungsgesetz.

**§ 25.** § 1 des Zusatzgesetzes vom 8. April 1340 Nr. 469 zum Gerichtsverfassungsgesetz wird wie folgt abgeändert:

Die Gerichte in der Türkischen Republik bestehen aus erstens den Friedensgerichten, deren Zuständigkeit gesetzlich bestimmt ist, und zweitens aus den ordentlichen Gerichten, die die Bezeichnung des Kreises tragen, zu dem sie gehören, und die aus einem Vorsitzenden und aus zwei Mitgliedern bestehen.

Die höchste Instanz ist der Kassationshof.

**§ 26.** § 3 des genannten Gesetzes wird wie folgt abgeändert:

Die ordentlichen Gerichte entscheiden über sämtliche Zivil-, Straf- und Handelsprozesse, soweit diese nicht zur Zuständigkeit der Friedensgerichte gehören.

Gegen die Entscheidungen ist im Rahmen der bestehenden Gesetze das Rechtsmittel der Revision gegeben.

**§ 27.** § 4 des genannten Gesetzes wird wie folgt ersetzt:

Zur Entscheidung über Vergehen, die nach dem Strafgesetzbuche mit dem Tode, mit lebenslanger Verweisung, mit Zuchthaus und mit Gefängnis über fünf Jahre bedroht sind, werden bei den ordentlichen Gerichten Strafkammern gebildet; letztere werden um zwei Richter oder Hilfsrichter verstärkt. Sind mehrere Kammern vorhanden, so wird eine ausschließlich für die Entscheidung der hier behandelten Prozesse bestimmt.

Der Amtsbezirk der in diesem Paragraphen behandelten Gerichte und Kammern wird von dem Justizminister festgesetzt.

**§ 28.** § 5 des genannten Gesetzes wird wie folgt geändert:

An jedem ordentlichen Gericht befindet sich ein Staatsanwalt sowie je nach Bedarf die erforderliche Anzahl von Untersuchungsrichtern, Hilfsrichtern, Staatsanwaltsgehilfen. Der Statasanwalt des ordentlichen Gerichts, bei dem eine besondere Strafkammer für die schweren Vergehen gebildet ist, hat das Recht der Aufsicht über die anderen Staatsanwälte, die sich in seinem von dem Justizministerium festgesetzten Amtsbezirk befinden. Er ist berechtigt, gegen Entscheidungen der zu diesem Amtsbezirk gehörenden Untersuchungsrichter, Gerichtsvorsitzender, ordentlicher Gerichte und Friedensrichter innerhalb von dreißig Tagen die Rechtsmittel des Einspruches und der Revision einzulegen.

Die Revisionsfrist gegen die Entscheidungen von Gerichten oder Kammern seines Amtssitzes ist die gesetzliche.

**§ 29.** § 10 des Gesetzes vom 21. März 1340 betreffend Abänderung des § 8 des Gesetzes über die Friedensgerichte wird wie folgt abgeändert:

1. Die Friedensgerichte entscheiden endgültig, ohne daß das Rechtsmittel der Revision gegeben ist, über die im Dritten Buch des Strafgesetzbuches angeführten Taten, die mit der Strafe der Arbeitsleistung bei kommunalen Arbeiten gegen Beköstigung bedroht sind.

2. Die Friedensgerichte entscheiden ferner, jedoch unter dem Vorbehalt der Revision, in den im vorher genannten Buch angeführten Fällen von Übertretungen über solche Verstöße gegen Angelegenheiten einer kommunalen Verwaltung, soweit sich eine solche in dem betreffenden Ort befindet, die nicht in den folgenden Paragraphen behandelt sind:

§§ 536, 538, 557, 559, 577 und 553 Absatz 1.

3. Die Friedensgerichte entscheiden ferner, unter dem Vorbehalt der Revision, in den von folgenden Paragraphen des Strafgesetzbuches vorgesehenen Fällen:

§§ 60, 177 Absatz 2, 182, 191 erster und letzter Absatz, 193 Absatz 1, 195 Absatz 1, 197, 241, 260, 262, 263, 264 letzter Absatz (angefangen von: der diese Gegenstände ohne Erlaubnis führt), 282, 297, 298, 301 (jedoch nur insoweit es sich um Entweichung aus Untersuchungshaft handelt), 308, 312, 334, 360, 396, 397, 398, 399, 402, 410, 419, 420, 421; ferner § 424 — jedoch nur in den Fällen, wo die Prozesse von ihnen selbst entschieden werden —, ferner §§ 428, 456 letzter Absatz, 466, 476, 482, 483, ferner — jedoch nur, wenn die Prozesse von ihnen selbst entschieden werden — §§ 485, 486, 487, 488, 489 und 490; ferner §§ 491 und 494 betreffend Diebstahl, ferner § 492 Nr. 6 betreffend Diebstahl an Tieren, ferner § 511 aus dem Abschnitt »Unterschlagung«, ferner § 512, soweit die Friedensrichter für den mit der Tat in Zusammenhang stehenden Diebstahl zuständig sind, ferner §§ 513, 516 Absatz 1, 518, 519, 520, 521, sowie — soweit die Friedensrichter für die Prozesse selbst zuständig sind — §§ 522, 523 und 525.

Die Friedensrichter führen die Prozesse zu Ende, die sie vor Inkrafttreten dieses Gesetzes auf Grund ihrer früheren Zuständigkeit eingeleitet hatten.

**§ 30.** § 38 letzter Absatz des Gesetzes vom 21. März 1340 wird aufgehoben.

**§ 31.** § 40 des genannten Gesetzes wird wie folgt abgeändert:

Wird innerhalb der gesetzlichen Frist Einspruch erhoben gegen Abwesenheitsurteile wegen Vergehen, die mit Gefängnis oder Verweisung bis zu fünf Jahren oder mit schwerer Geldstrafe bedroht sind, oder allgemein wegen Übertretungen, so hat das Spruchgericht die Angelegenheit noch einmal zu prüfen.

Erscheint die Partei, die Einspruch erhoben hat, nicht zu dem für die Verhandlung festgesetzten Termin, so wird das Einspruchsgesuch bzw. das Protokoll über Einlegung des Einspruchs in ihrer Abwesenheit einer Prüfung unterzogen. Es wird zur Beseitigung der gerügten Mängel geschritten, wenn sich nach Maßgabe der Prüfung des Einspruches ergibt, daß die Tat gesetzlich nicht mit Strafe bedroht ist, oder daß die angewandte Gesetzesbestimmung nicht zutrifft, oder daß die Strafe gesetzlich erlassen worden ist, oder daß der Beschuldigte infolge seines Alters nicht strafbar ist oder Anspruch auf Ermäßigung der Strafe besitzt, oder daß sonstwie wichtige Verstöße gegen das Verfahren und den Sinn des Gesetzes festgestellt werden. Da daraufhin erlassene weitere Urteil gilt vom Augenblick seiner Zustellung ab als ein in Anwesenheit erlassenes Urteil. Ein Einspruch, der nicht beweisschlüssig ist, oder der noch näher begründet werden muß, wird ohne weitere Prüfung zurückgewiesen.

Erscheint die Partei, die Einspruch erhoben hat, zur ersten Verhandlung, versäumt sie jedoch die folgenden oder eine der folgenden Verhandlungen, so wird, je nachdem die letzten Untersuchungen einer Ergänzung bedürfen oder nicht, die Verhandlung fortgesetzt oder der Einspruch zurückgewiesen.

**§ 32.** Die Ausdrücke »Gericht für Verbrechen« und »Staatsanwalt für Verbrechen«, die in den §§ 42, 43, 45 und 46 des Gesetzes vom 21. März 1340 und in den entsprechenden Paragraphen der Strafprozeßordnung enthalten sind, sind zu ersetzen durch die im § 27 dieses Gesetzes angeführten Strafkammern für schwere Vergehen bzw. den bei diesen Kammern befindlichen Staatsanwälten.

**§ 33.** § 323 der Strafprozeßordnung erhält folgenden Zusatz:

Die Revisionsfrist gegen Abwesenheitsurteile beginnt mit Ablauf des Tages, an dem das Recht zur Einlegung des Einspruches erloschen ist. Wird Revision während der Einspruchsfrist eingelegt, so wird sie wie ein Einspruch behandelt und das Gesuch an die zuständige Stelle weitergeleitet.

**§ 34.** § 111 Absatz 2 der Strafprozeßordnung wird wie folgt geändert:

Legt ein Verurteilter gegen ein Urteil, das der Revision unterliegt, dieses Rechtsmittel ein, und beantragt er außerdem noch seine Haftentlassung gegen Bürgschaft, so entscheidet über den letztgenannten Antrag das Spruchgericht, und zwar ohne daß gegen seine Entscheidung das Rechtsmittel der Revision gegeben ist.

**§ 35.** In den §§ 334, 335 und 338 der Strafprozeßordnung sind die Ausdrücke »Verbrechen« durch »Strafe« zu ersetzen.

**§ 36.** § 48 des Gesetzes vom 21. März 1340 wird wie folgt geändert:

Über Konflikte, die zwischen zwei Gerichten oder zwei Friedensrichtern oder zwei Untersuchungsrichtern, die der Zuständigkeit eines ordentlichen Gerichts, das eine besondere Strafkammer für schwere Vergehen besitzt, unterstehen, oder über Konflikte, die zwischen der einen oder der anderen der genannten Behörden entstehen, entscheidet die obengenannte besondere Strafkammer. Über Konflikte, die zwischen einer Strafkammer für schwere Vergehen und einem anderen Gericht oder einer anderen Kammer oder einem anderen Friedensrichter entstehen, sowie über Konflikte zwischen mehreren Strafkammern entscheidet der Kassationshof. Diese Entscheidungen sind mit dem Rechtsmittel der Revision nicht anfechtbar.

Sind die Akten mit dem Beschluß auf Eröffnung des Verfahrens dem Gericht übergeben und beschließt das Gericht nach Verhandlung, daß es unzuständig ist, so werden die Akten nicht mehr an den Untersuchungsrichter zurückgegeben sondern unmittelbar der in dem Beschluß als zuständig bezeichneten Stelle zugeleitet.

Unberührt bleibt die Befugnis des Staatsanwalts, gegen diesen Beschluß die gesetzlich gegebenen Rechtsmittel einzulegen.

**§ 37.** § 8 des Gesetzes vom 21. März 1340 wird durch folgende Bestimmung ersetzt:

Muß gegen einen Richter entsprechend den gesetzlichen Bestimmungen ein Verfahren eingeleitet werden, so ist für die Bestimmung des zuständigen Gerichts die amtliche Stellung maßgebend, die dieser Richter zur Zeit der Einleitung des Verfahrens bekleidet.

**§ 38.** Akten und Beweisstücke über Personen, auf die die Voraussetzungen in den §§ 465 bis 468 der Strafprozeßordnung zutreffen, werden der Staatsanwaltschaft der Strafkammer für schwere Vergehen des ordentlichen Gerichtes übersandt, in dessen Amtsbezirk diese Personen bei Stellung des Antrages wohnten. Die Staatsanwaltschaft leitet die Akten gemäß den Bestimmungen des § 471 des genannten Gesetzes nebst einem begründeten Antrag dem für sie zuständigen Gerichtsvorsitzenden zu. Der Vorsitzende erläßt den erforderlichen Beschluß.

Die Bestimmungen über das dem Beschlusse folgende Verfahren bleiben wie früher in Geltung.

**§ 39.** Die bei dem Druck des Strafgesetzbuches unterlaufenen Druckfehler sind gemäß der beigefügten Tabelle berichtigt worden.

**§ 40.** Bestimmungen der Gerichtsverfassungsgesetze und sonstiger Gesetze, die den vorliegenden Bestimmungen widersprechen, sind aufgehoben.

**§ 41.** Dieses Gesetz tritt am 1. Juli 1926 in Kraft.

**§ 42.** Mit der Ausführung dieses Gesetzes ist der Justizminister beauftragt.

26. April 1926.

---

# Türkisches Strafgesetzbuch.

Erstes Buch.

## Allgemeine Bestimmungen.

Erster Teil.

### Die Anwendung des Strafgesetzbuches.

**§ 1.** Niemand kann wegen einer Tat, die vom Gesetz nicht ausdrücklich mit Strafe bedroht ist, bestraft werden. Niemand kann mit einer anderen als im Gesetz vorgesehenen Strafe bestraft werden.

Die Straftaten werden in Vergehen und Übertretungen eingeteilt.

**§ 2.** Niemand kann wegen einer Tat bestraft werden, die nach dem Gesetz der Zeit, zu welcher sie begangen wurde, weder ein Vergehen noch eine Übertretung war. Niemand kann wegen einer Tat bestraft werden, die nach dem Gesetz der Zeit nach ihrer Begehung nicht mehr ein Vergehen oder eine Übertretung ist. Ist wegen dieser Tat eine Verurteilung bereits erfolgt, so wird die Vollstreckung nebst den gesetzlichen Folgen von selbst aufgehoben.

Ist das Gesetz der Zeit, zu welcher ein Vergehen oder eine Übertretung begangen wurde, von dem später erlassenen Gesetze verschieden, so ist das Gesetz anzuwenden, das für den Täter am günstigsten ist.

**§ 3.** Wer in der Türkei ein Vergehen oder eine Übertretung begeht, wird nach dem türkischen Strafgesetzbuch bestraft. Ist ein Türke dieserhalb bereits von einem ausländischen Gericht verurteilt worden, so wird er trotzdem erneut von einem türkischen Gericht abgeurteilt.

Ebenso wird ein Ausländer, der wegen einer solchen Tat bereits im Ausland verurteilt worden ist, auf Antrag des Justizministers erneut in der Türkei abgeurteilt.

**§ 4.** Wer im Ausland ein Vergehen gegen die Sicherheit des türkischen Staates begeht, die amtlichen Siegel der Türkischen Regierung oder türkische Münzen, die in der Türkei gesetzlichen Kurs haben, fälscht, oder wer türkisches Papiergeld oder wer türkische Schatzscheine oder Schatzwechsel oder die von den hierzu gesetzlich ermächtigten Banken herausgegebenen Banknoten fälscht, wird, falls die Tat nach dem türkischen Gesetz mit einer Freiheitsstrafe von nicht weniger als fünf Jahren zum Höchstbetrage bedroht ist, nach dem türkischen Gesetz bestraft.

Selbst wenn wegen dieser Taten ein ausländisches Gericht geurteilt hat, findet auf Antrag des Justizministers in der Türkei erneut eine strafrechtliche Verfolgung statt.

Wird der Täter, ein Türke oder ein Ausländer, in der Türkei betroffen, so finden die vorhergehenden Bestimmungen selbst dann Anwendung, wenn die im Gesetz vorgesehene Strafe weniger als fünf Jahre beträgt.

Gegen denjenigen, der im Ausland für die Türkische Regierung ein Amt ausübt oder eine Dienstverpflichtung ausführt, und der in Beziehung auf sein Amt oder seine Dienstverpflichtung ein Vergehen verübt, finden die Bestimmungen des dritten Absatzes selbst dann Anwendung, wenn er in der Türkei nicht betroffen wird.

**§ 5.** Ein Türke, der, abgesehen von den im § 4 angeführten Vergehen, im Ausland ein Vergehen begeht, das nach dem türkischen Strafgesetzbuch mit einer Freiheitsstrafe von nicht unter drei Jahren im Mindestbetrag bedroht ist, wird nach dem türkischen Strafgesetzbuch bestraft, wenn er in der Türkei betroffen wird. Die Strafe wird jedoch um ein Sechstel ermäßigt, und an Stelle der Todesstrafe tritt Zuchthaus von zwanzig Jahren.

Ist das von einem Türken im Auslande begangene Vergehen mit einer Strafe von weniger als drei Jahren bedroht, so findet eine strafrechtliche Verfolgung nur auf Antrag der geschädigten Person oder der ausländischen Regierung statt.

Ist der Geschädigte ein Ausländer, so ist Voraussetzung, daß die Tat auch nach dem Gesetz des Tatorts eine Straftat ist.

**§ 6.** Ein Ausländer, der, abgesehen von den im § 4 angeführten Vergehen im Ausland zum Nachteil des türkischen Staates oder eines Türken ein Vergehen begeht, für welches das türkische Strafgesetzbuch eine Freiheitsstrafe von nicht unter einem Jahr zum Mindestbetrage vorsieht, wird, wenn er in der Türkei betroffen wird, nach dem türkischen Strafgesetzbuch bestraft. Die Strafe wird jedoch um ein Drittel ermäßigt, und an Stelle der Todesstrafe tritt Zuchthaus von zwanzig Jahren.

Die strafrechtliche Verfolgung findet jedoch nur auf Antrag des Justizministers oder aber der geschädigten Person statt.

Ist das Vergehen zum Nachteil eines anderen Ausländers begangen, so wird der Täter auf Antrag des Justizministers nach den im ersten Absatz enthaltenen Bestimmungen bestraft, wenn:

1. es sich um eine Tat handelt, für welche im türkischen Gesetze eine Freiheitsstrafe von nicht unter drei Jahren zum Mindestbetrag festgesetzt ist;

2. kein Auslieferungsvertrag besteht, oder wenn die Auslieferung von der Regierung des Tatorts oder von der Regierung des Landes, dessen Staatsangehörigkeit der Täter besitzt, nicht angenommen worden ist.

**§ 7.** Hat ein Ausländer im Ausland ein Vergehen zum Nachteil eines Türken oder der Türkischen Regierung begangen, und ist er von einem ausländischen Gericht verurteilt worden, oder ist die Strafe aus irgendeinem Grunde zum Erlöschen gekommen, oder aber ist ein Freispruch erfolgt, dann wird die Angelegenheit von den türkischen Gerichten erneut verfolgt.

Ist die (im Ausland) erkannte Strafe niedriger als die für diese Tat im türkischen Gesetz vorgesehene Strafe, so wird auf den Unterschied erkannt. Stimmen die Gründe für das Erlöschen der Strafe oder für den Freispruch mit den türkischen Bestimmungen nicht überein, dann ist erneut auf Strafe zu erkennen.

Die strafrechtliche Verfolgung findet nur auf Antrag des Justizministers statt.

**§ 8.** Wenn in den in den vorhergehenden Paragraphen aufgeführten Fällen im Ausland in Übereinstimmung mit den türkischen Gesetzen eine Verurteilung ausgesprochen worden ist, die nach den türkischen Gesetzen als Hauptstrafe oder als Nebenstrafe die Untersagung der Bekleidung öffentlicher Ämter oder andere Unfähigkeit zur Folge hat, so kann auf Antrag der Statsanwaltschaft vom Gericht bestimmt werden, daß die strafrechtlichen Wirkungen der im Ausland auf Unfähigkeit zur Bekleidung öffentlicher Ämter oder sonstige Unfähigkeit erkannten Urteile auch in der Türkei eintreten.

Bevor das Gericht auf Antrag des Staatsanwalts eine derartige Entscheidung erläßt, kann der Verurteilte beantragen, daß das im Ausland erlassene Urteil von einem türkischen Gericht erneut nachgeprüft wird.

**§ 9.** Dem Antrag einer ausländischen Regierung auf Auslieferung eines Türken wegen eines Vergehens kann nicht stattgegeben werden.

Dem Antrag einer ausländischen Regierung auf Auslieferung eines Ausländers wegen eines politischen Vergehens oder eines damit zusammenhängenden Vergehens kann nicht stattgegeben werden.

Auf den Auslieferungsantrag einer ausländischen Regierung ist von dem zuständigen Gericht des Ortes in der Türkei, an dem sich die Person, deren Auslieferung beantragt wird, befindet, zunächst die Staatsangehörigkeit dieser Person und die Art des Vergehens zu prüfen.

Wird vom Gericht festgestellt, daß es sich um einen türkischen Staatsangehörigen handelt, oder daß das Vergehen ein politisches oder militärisches oder eine Tat ist, die mit einem politischen oder einem militärischen Vergehen in Zusammenhang steht, dann darf dem Auslieferungsantrag nicht stattgegeben werden.

Die Auslieferung kann bewilligt werden, wenn das Gericht festgestellt hat, daß die auszuliefernde Person eine fremde Staatsangehörigkeit besitzt und daß sie ein gemeines Vergehen begangen hat.

Gegen die auszuliefernde Person kann von dem örtlichen Untersuchungsrichter ein Haftbefehl erlassen werden.

**§ 10.** Die Bestimmungen dieses Gesetzes gelten auch für die Ausführung der strafrechtlichen Bestimmungen anderer Gesetze, sofern nicht anderes bestimmt ist.

## Zweiter Teil.

## Strafen.

**§ 11.** Die Strafen für Vergehen sind:

1. Todesstrafe,
2. Zuchthaus,
3. Gefängnis,
4. Verweisung,
5. schwere Geldstrafe,
6. Untersagung der Bekleidung öffentlicher Ämter.

Die Strafen für Übertretungen sind:

1. Haft,
2. leichte Geldstrafe,
3. die zeitige Untersagung der Ausübung eines Berufs oder Gewerbes.

Unter Freiheitsstrafen im Sinne dieses Gesetzes sind zu verstehen:

Zuchthaus, Gefängnis, Verweisung und Haft.

**§ 12.** Die Todesstrafe wird durch Auslöschung des Lebens des hierzu Verurteilten mittels Erhängens vollstreckt.

Die Todesstrafe darf nicht an den Tagen vollstreckt werden, die nach der Religion des Verurteilten religiöse Feiertage sind. Mehrere zum Tode Verurteilte dürfen nicht einander gegenüber aufgehängt werden. Bei schwangeren Frauen ist die Vollstreckung bis nach der Geburt aufzuschieben.

Die Todesstrafe wird erst vollstreckt, nachdem das diese Verurteilung aussprechende Gerichtsurteil von der zuständigen Stelle bestätigt worden ist und nachdem die Entscheidung auf dem Hinrichtungsplatz in Gegenwart des Verurteilten von dem zuständigen Beamten verlesen worden ist.

Zum Tode verurteilte Muttermörder oder Vatermörder werden zum Hinrichtungsplatz barhäuptig, barfüßig und mit einem schwarzen Hemde bekleidet geführt und dergestalt aufgehängt.

Der Leichnam der hingerichteten Person wird den Erben zur Beerdigung ohne Feierlichkeiten übergeben. Sind keine Erben vorhanden oder verweigern sie die Annahme, dann wird die Beerdigung von der Ortsbehörde vorgenommen.

**§ 13.** Die Zuchthausstrafe ist entweder eine lebenslange oder eine zeitige. Die lebenslange Zuchthausstrafe dauert bis zum Tode. Die Dauer der zeitigen Zuchthausstrafe ist mindestens ein Jahr und höchstens zwanzig Jahre. In beiden Fällen wird die Strafe bei Arbeitszwang in besonderen Anstalten entsprechend den nachfolgenden Bestimmungen verbüßt.

Bei lebenslanger Zuchthausstrafe werden die ersten drei Jahre und bei zeitiger Zuchthausstrafe ein Sechstel der Strafzeit in beständiger Einzelhaft verbüßt. Die ständige Einzelhaft beträgt (bei zeitiger Zuchthausstrafe) mindestens sechs Monate und höchstens drei Jahre. Für den späteren Strafteil tritt Absonderung nur des Nachts jedoch Schweigegebot während der Tageszeit bei Arbeitszwang gemeinsam mit den übrigen Gefangenen ein.

**§ 14.** Der zu Zuchthaus von nicht unter drei Jahren Verurteilte kann, wenn er die Hälfte der Strafe, jedoch mindestens zweieinhalb Jahre, bei guter Führung verbüßt hat, den Rest der Strafzeit durch Arbeit in landwirtschaftlichen oder gewerblichen mit dem Zuchthaus verbundenen Anstalten oder bei öffentlichen Arbeiten, die unter Aufsicht der Regierung vorgenommen werden, verbüßen.

Verharrt der Verurteilte nicht bei guter Führung, so wird die Vergünstigung wieder aufgehoben.

**§ 15.** Die Dauer der Gefängnisstrafe ist mindestens drei Tage und höchstens zwanzig Jahre. Sie wird in besonderen Anstalten bei Absonderung des Nachts und Arbeitszwang während der Tageszeit verbüßt.

Der Verurteilte kann sich von den in der Anstalt, der er überwiesen ist, zugelassenen Arbeitsarten diejenige auswählen, welche seinen Fähigkeiten und seiner früheren Beschäftigung am besten entspricht; er kann sich jedoch auch eine andere Beschäftigung auswählen.

Überschreitet die Strafe nicht sechs Monate, dann kann sie in einer besonderen Abteilung des Gerichtsgefängnisses verbüßt werden.

**§ 16.** Der zu Zuchthaus oder Gefängnis von mehr als drei Jahren Verurteilte kann, wenn er Dreiviertel der Zuchthausstrafe oder die Hälfte der Gefängnisstrafe, doch mindestens drei Jahre, bei guter Führung verbüßt hat, so daß die begründete Erwartung auf Besserung besteht, auf seinen Antrag bedingten Straferlaß erhalten, sofern der Strafrest drei Jahre nicht übersteigt.

Der zu lebenslangem Zuchthaus Verurteilte kann, wenn er sich zwanzig Jahre gut geführt hat, ebenfalls bedingten Straferlaß erhalten.

Bedingter Straferlaß wird nicht gewährt:

1. bei Vergehen gegen die §§ 313, 495—500,
2. bei Zuchthausstrafe, die an Stelle der Todesstrafe getreten ist,
3. bei Rückfall wegen Vergehen gegen §§ 448—452 und 493,
4. bei abermaliger Verurteilung zu einer Freiheitsstrafe von mehr als fünf Jahren.

**§ 17.** Der bedingte Straferlaß wird widerrufen, wenn der Verurteilte ein mit Freiheitsstrafe bedrohtes Vergehen begeht, oder die ihm auferlegten Bedingungen nicht einhält. In diesem Falle wird die während der bedingten Freilassung verflossene Zeit auf die Dauer der Strafe nicht angerechnet; ein abermaliger bedingter Straferlaß ist nicht mehr zulässig.

Ist die ganze Zeit der auferlegten Strafe verflossen, ohne daß der bedingte Straferlaß widerrufen wurde, so gilt die Strafe als verbüßt.

War neben der Hauptstrafe auf Stellung unter Polizeiaufsicht erkannt, so wird die während der bedingten Freilassung verflossene Zeit auch auf die Dauer dieser Strafe angerechnet.

**§ 18.** Die Strafe der Verweisung besteht in der dem Verurteilten auferlegten Verpflichtung, sich in der in dem Gerichtsurteil angegebenen Stadt oder Gemeinde aufzuhalten; dieser Ort muß mindestens 60 Kilometer von den Landkreisen entfernt sein, in denen der Tatort sowie der Wohnort der geschädigten Person und des Täters liegen. Die Strafe der Verweisung ist entweder eine lebenslängliche oder eine zeitige. Die lebenslange Verweisung dauert bis zum Tode; die Dauer der zeitigen Verweisung ist mindestens sechs Monate und höchstens fünf Jahre.

**§ 19.** Die Strafe der schweren Geldstrafe besteht in der Zahlung eines bestimmten Betrages in der Mindesthöhe von einem Pfund an die Staatskasse. Für den Fall, daß der zu dieser Strafe Verurteilte binnen zwei Monaten, gerechnet von dem Tage der Zustellung der Zahlungsaufforderung die Strafe nicht zahlt oder für den Fall der Uneinbringlichkeit der Geldstrafe wird die Geldstrafe in Gefängnis umgewandelt, wobei ein Tag Gefängnis für jedes Pfund und für jeden Bruchteil eines Pfundes der nicht gezahlten Geldstrafe gerechnet wird.

Auch wenn in dem Gerichtsurteil eine Bestimmung über die Umwandlung der Geldstrafe in Gefängnis nicht enthalten ist, wird im Falle der Weigerung oder im Falle der Uneinbringlichkeit der Geldstrafe das Urteil seitens der Staatsanwaltschaft entsprechend den Bestimmungen dieses Paragraphen durch Verhängung der Gefängnisstrafe vollstreckt.

Der Verurteilte kann jedoch die an Stelle der Geldstrafe verhängte Gefängnisstrafe durch die Bezahlung des Restbetrages unter Abzug eines Pfundes für jeden im Gefängnis verbrachten Tag gemäß den Bestimmungen des obigen Absatzes jederzeit zum Erlöschen bringen.

Die an Stelle der Geldstrafe auferlegte Gefängnisstrafe darf ein Jahr nicht überschreiten.

Auf Antrag des Verurteilten kann die aus der Geldstrafe in Gefängnisstrafe oder Haft umgewandelte Strafe durch Beschäftigung bei öffentlichen, von der Regierung oder einer Stadtverwaltung ausgeführten Arbeiten vollstreckt werden. Zwei Tage Arbeit rechnen dabei für einen Tag Freiheitsstrafe.

**§ 20.** Die Strafe der Untersagung der Bekleidung öffentlicher Ämter ist entweder dauernd oder zeitig.

Die dauernde Untersagung führt den Verlust herbei:

1. des Rechts in Wahlversammlungen zu wählen oder gewählt zu werden, sowie jedes anderen politischen Rechtes;
2. der Mitgliedschaft der Großen Nationalversammlung, jedes anderen Wahlamtes, sowie sämtlicher von der Regierung, von einer Provinzialverwaltung, von einer Stadtverwaltung, von einer Gemeinde übertragenen Ämter einschließlich derjenigen, die von Anstalten übertragen sind, die der Aufsicht des Staates oder der genannten Körperschaften unterstehen;
3. der von der Regierung oder von den hierzu ermächtigten wissenschaftlichen Körperschaften verliehenen Würden, Titel, Orden und Ehrenzeichen;
4. jedes gegen Besoldung oder ehrenhalber auszuübenden Rechtes, das mit einem der in den vorhergehenden Nummern angegebenen Orden, Würden, Titel, Eigenschaften und Ämter verbunden ist;
5. des Amtes eines Vormundes oder Pflegers mit Ausnahme der dem Verurteilten gemäß den Bestimmungen des Bürgerlichen Gesetzbuchs zustehenden elterlichen Gewalt über seine Verwandten absteigender Linie;
6. der Fähigkeit, die in den vorhergehenden Nummern angegebenen Rechte, Titel, Würden, Orden, Eigenschaften und Ämter zu erlangen.

Die zeitige Untersagung der Bekleidung öffentlicher Ämter besteht in der Unfähigkeit, für die Zeit von drei Monaten bis zu fünf Jahren die oben erwähnten Rechte, Ämter, Eigenschaften und Würden zu besitzen oder zu erlangen.

Das Gesetz bestimmt die Fälle, in denen die Untersagung der Bekleidung öffentlicher Ämter auf einige von ihnen beschränkt wird, sowie die Fälle, in denen die Ausübung eines bestimmten Berufs oder Gewerbes untersagt wird.

**§ 21.** Die Dauer der Haft beträgt mindestens einen Tag und höchstens zwei Jahre. Sie wird unter Berücksichtigung der im § 15 Absatz 2 angegebenen Bestimmungen in hierzu bestimmten Anstalten unter Arbeitszwang verbüßt. Sie kann auch in einem besonderen Teil eines Arresthauses verbüßt werden.

Wenn die Haftstrafe einen Monat nicht überschreitet, kann das Gericht gestatten, daß nicht rückfällige Frauen und Jugendliche die Haft in ihrer eigenen Wohnung verbüßen. Bei Zuwiderhandlung gegen diese Entscheidung wird die ganze Strafe in der gewöhnlichen Weise vollstreckt.

**§ 22.** Das Gesetz bestimmt die Fälle, in welchen die Haftstrafe in Arbeitshäusern oder durch Dienstleistung bei öffentlichen oder städtischen Arbeiten vollstreckt werden kann. Stellt sich der Verurteilte nicht zur Dienstleistung oder verweigert er die Dienstleistung, so wird die Haftstrafe in der gewöhnlichen Weise vollstreckt.

**§ 23.** Frauen verbüßen Zuchthaus, Gefängnis und Haft in besonderen für sie bestimmten Anstalten. Das Gesetz bestimmt die Fälle, in denen die Freiheitsstrafe in einer Besserungsanstalt oder in einem Arresthaus verbüßt wird.

**§ 24.** Die Strafe der leichten Geldstrafe besteht in der Zahlung eines Betrages von einem halben Pfund bis zu zweihundert Pfund an die Staatskasse. Die Bestimmungen der letzten fünf Absätze des § 19 gelten auch für diese Strafe, jedoch tritt an Stelle von Gefängnis die Haftstrafe.

**§ 25.** Die Untersagung der Ausübung eines bestimmten Berufs oder Gewerbes gilt für die Dauer von drei Tagen bis zu zwei Jahren.

**§ 26.** Das Gericht kann an Stelle der verhängten Strafe auf richterlichen Verweis erkennen, wenn die gesetzliche Höchststrafe einen Monat Gefängnis oder Haft oder dreißig Pfund schwere oder leichte Geldstrafe nicht überschreitet, und wenn mildernde Umstände vorliegen, und wenn der Täter nicht wegen eines Vergehens oder wegen einer Übertragung vorbestraft ist, die mit Haft von mehr als einem Monat bedroht ist.

Der richterliche Verweis besteht in einer den besonderen Verhältnissen des Verurteilten und der Art des begangenen Vergehens angepaßten Verwarnung, welcher der Richter dem Verurteilten in öffentlicher Gerichtssitzung über den sittlichen Gehalt der verletzten Gesetzesbestimmung und die Folgen der begangenen Straftat erteilt.

Leistet der Verurteilte der Vorladung zum Erhalt des Verweises keine Folge, oder nimmt er den Verweis nicht mit Achtung entgegen, dann kommt die im Urteil für das begangene Vergehen festgesetzte Strafe ganz in Vollstreckung.

**§ 27.** In dem im vorhergehenden Paragraphen bestimmten Fall muß sich der Verurteilte verpflichten, eine bestimmte Geldsumme als Geldstrafe zu zahlen, falls er innerhalb einer vom Gericht zu bestimmenden Frist, die bei Vergehen zwei Jahre und bei Übertretungen ein Jahr, gerechnet von dem Tage der Erteilung des Verweises an, nicht überschreiten darf, ein Vergehen oder eine Übertretung begeht, unbeschadet der gesetzlichen Strafe, mit der dieses Vergehen oder diese Übertretung bedroht ist. Auf Verlangen des Gerichtes muß er für die Erfüllung dieser Verpflichtung auch taugliche Bürgen stellen.

Die Prüfung der Tauglichkeit der Bürgen steht dem Gericht zu.

Will der Verurteilte eine solche Verpflichtung nicht übernehmen, oder stellt er keine tauglichen Bürgen, dann wird die im Urteil festgesetzte Strafe vollstreckt.

**§ 28.** Das Gesetz bestimmt die Fälle, in denen das Gericht neben der Strafe noch auf die Nebenstrafe der Stellung unter Polizeiaufsicht erkennen muß.

Soweit das Gesetz nichts anderes bestimmt, beträgt die Dauer der Stellung unter Polizeiaufsicht mindestens ein Jahr und höchstens drei Jahre.

Innerhalb von vierzehn Tagen, gerechnet von dem im § 42 bestimmten Zeitpunkt an, hat der zur Stellung unter Polizeiaufsicht Verurteilte der zuständigen Behörde zu melden, an welchem Ort er seinen Wohnsitz zu nehmen beabsichtigt.

Außerdem hat er die ihm nach den Bestimmungen des Gesetzes auferlegten Vorschriften zu erfüllen. Die zuständige Behörde kann dem Verurteilten für die Dauer der Stellung unter Polizeiaufsicht den Aufenthalt in einem bestimmten Orte verbieten. Bei Verurteilung zu Zuchthaus kann das Gericht als Nebenstrafe auch auf Stellung unter Polizeiaufsicht erkennen. In diesem Falle können die dem Verurteilten auferlegten Beschränkungen hinsichtlich ihrer Dauer und ihres Umfanges beschränkt werden.

**§ 29.** Die Strafen können nur in den ausdrücklich vom Gesetz bestimmten Fällen erhöht, ermäßigt oder umgewandelt werden.

Wenn das Gesetz bestimmt, daß die Strafe um einen bestimmten Bruchteil erhöht oder ermäßigt werden soll, so wird die Erhöhung oder die Ermäßigung an dem Betrag der Strafe vorgenommen, welchen der Richter für die Tat auflegen würde, wenn der Umstand, welcher die Erhöhung oder Ermäßigung bewirkt, nicht zu berücksichtigen wäre.

Treten mehrere Umstände zusammen, so wird die Erhöhung oder die Ermäßigung an dem Betrage der aus der voraufgehenden Erhöhung oder Ermäßigung sich ergebenden Strafe vorgenommen.

Treten gleichzeitig sowohl straferhöhende wie strafermäßigende Umstände zusammen, so werden zunächst die straferhöhenden Umstände berücksichtigt.

In allen Fällen werden zuletzt, und zwar in der folgenden Reihenfolge, berücksichtigt: das Alter des Täters, sein Geisteszustand, mildernde Umstände und Rückfall.

Unbeschadet der vom Gesetz ausdrücklich bestimmten Fälle darf bei der Straferhöhung oder bei der Ermäßigung der Strafe die für jede Strafe festgesetzte Grenze nicht überschritten werden.

**§ 30.** Die zeitigen Strafen werden nach Tagen, Monaten und Jahren bemessen. Der Tag wird zu vierundzwanzig Stunden und der Monat zu dreißig Tagen gerechnet. Das Jahr wird nach dem amtlichen Kalender gerechnet.

Bei zeitigen Strafen werden der Bruchteil eines Tages und, bei Geldstrafen, der Bruchteil eines Pfundes, und, bei leichten Geldstrafen, der Bruchteil eines halben Pfundes nicht gerechnet.

## Dritter Teil.

## Die Wirkungen und die Vollstreckung der Strafurteile.

**§ 31.** Die Verurteilung zu Zuchthaus von mehr als fünf Jahren hat die dauernde Untersagung und die Verurteilung zu Zuchthaus von drei Jahren bis zu fünf Jahren hat die Untersagung der Bekleidung öffentlicher Ämter für die gleiche Dauer der Freiheitsstrafe zur Folge.

**§ 32.** Die Verurteilung zu Zuchthaus für die Dauer von vierundzwanzig Jahren, die gemäß § 59 an Stelle der Todesstrafe tritt, hat die Stellung des Verurteilten unter Polizeiaufsicht für die Dauer von zehn Jahren zur Folge.

**§ 33.** Wer zu Zuchthaus von mehr als fünf Jahren verurteilt ist, gilt während der Verbüßung der Strafe als gesetzlich entmündigt. Für die Verwaltung seines Vermögens gelten die Bestimmungen des Bürgerlichen Gesetzbuches über die Entmündigung.

Bei Verurteilung zu Zuchthaus zu mehr als fünf Jahren kann auch für die Dauer der Strafzeit auf Verlust der elterlichen Gewalt und der Rechte des Ehegatten erkannt werden.

**§ 34.** Hat die rechtskräftige Verurteilung wegen eines Vergehens gesetzlich die Unfähigkeit, zu einem politischen Amt gewählt zu werden, oder die Untersagung eines Amtes zur Folge, so tritt auch der Verlust des (von dem Verurteilten bereits erlangten) Wahlamtes oder Amtes ein.

**§ 35.** Außer in den vom Gesetz bestimmten Fällen hat jede Verurteilung wegen einer Straftat, die unter Mißbrauch eines öffentlichen Amtes oder eines Berufes oder Gewerbes, zu dessen Ausübung eine besondere Erlaubnis oder die Erteilung eines Fähigkeitszeugnisses seitens der zuständigen Behörde erforderlich ist, begangen wird, die vorübergehende Untersagung der Bekleidung der öffentlichen Ämter oder der Ausübung des Berufes oder Gewerbes für die gleiche Zeit zur Folge, welche der Dauer der erkannten Freiheitsstrafe oder der Gefängnisstrafe entspricht, in welche eine Geldstrafe wegen Uneinbringlichkeit umgewandelt worden ist; die in den §§ 20 und 25 bestimmten Höchstgrenzen dürfen dabei nicht überschritten werden.

Das Gesetz bestimmt die Fälle, in denen die Ausübung eines anderen Berufes oder eines anderen Gewerbes untersagt wird.

**§ 36.** Im Falle der Verurteilung erkennt das Gericht auf Einziehung der Gegenstände, welche zur Begehung des Vergehens oder der Übertretung dienten oder bestimmt waren, oder welche durch die Begehung der Tat hervorgebracht wurden, sofern sie nicht Unbeteiligten gehören.

Gegenstände, deren Gebrauch, Anfertigung, Führung, Besitz oder Verkauf an sich schon ein Vergehen oder eine Übertretung bildet, werden selbst dann eingezogen, wenn eine strafrechtliche Verurteilung nicht erfolgt, selbst wenn sie dem Täter nicht gehören.

**§ 37.** Die strafrechtliche Verurteilung läßt den Anspruch des Geschädigten oder Verletzten auf Rückgabe seines Eigentums oder auf Schadensersatz unberührt.

**§ 38.** Abgesehen von dem Anspruch auf Rückgabe des Eigentums und auf Schadensersatz kann das Gericht wegen jeder Straftat, durch welche die Ehre einer Person oder einer Familie verletzt worden ist, auf Antrag des Verletzten, auch wenn ein Vermögensschaden nicht entstanden ist, auf Entschädigung als Ersatz des immateriellen Schadens erkennen.

**§ 39.** Der Verurteilte trägt die Kosten des Strafverfahrens.

Mehrere wegen des gleichen Vergehens oder der gleichen Übertretung Verurteilte haften für die Rückgabe des Eigentums, für Schadensersatz, für Entschädigung als Ersatz des immateriellen Schadens sowie für die Kosten des Strafverfahrens als Gesamtschuldner.

Mehrere wegen verschiedener Vergehen oder Übertretungen in einem Urteil Verurteilte haften als Gesamtschuldner nur für die Kosten der Straftat, wegen deren gemeinschaftlicher Begehung sie verurteilt worden sind.

**§ 40.** Die vor Eintritt der Rechtskraft des Urteils erlittene Untersuchungshaft wird von der Dauer der erkannten Freiheitsstrafe in Abzug gebracht.

Bei Verurteilung zur Strafe der Verweisung wird ein Tag Untersuchungshaft drei Tagen Verweisung gleichgerechnet.

Ist auf Geldstrafe erkannt worden, dann wird der Abzug nach den Bestimmungen des § 19 berechnet.

**§ 41.** Die Strafen der Untersagung der Bekleidung der öffentlichen Ämter oder der Ausübung eines bestimmten Berufs oder Gewerbes beginnen mit dem Tage der Rechtskraft des Urteils, jedoch bleiben die gesetzlichen Bestimmungen über die im Abwesenheitsverfahren erlassenen Urteile hiervon ausgenommen.

Ist die Untersagung der Bekleidung öffentlicher Ämter oder die Untersagung der Ausübung eines Berufs oder Gewerbes oder eine sonstige Unfähigkeit mit einer Freiheitsstrafe verbunden, oder die Folge einer strafrechtlichen Verurteilung, so kommt die Untersagung oder die Unfähigkeit bereits während der Verbüßung der Hauptstrafe zur Anwendung, ihre im Urteil oder durch das Gesetz bestimmte

Dauer beginnt aber erst von dem Tage, an dem die Hauptstrafe verbüßt oder erloschen ist.

**§ 42.** Die Stellung unter Polizeiaufsicht beginnt mit dem Tage, an welchem die Hauptstrafe verbüßt oder teilweise oder gänzlich erlassen worden ist. Diese Strafe kann, sofern die Verhältnisse oder die Führung des Verurteilten es gestatten, von dem Gericht des Wohnsitzes des Verurteilten nach ihrer Dauer und ihrem Umfang aufgehoben oder beschränkt werden.

Finden sich in einem Strafurteil keine Bestimmungen über die Ausführung der Strafe, so ist wegen ihrer Bestimmung oder Begrenzung Anrufung des Gerichts zulässig.

**§ 43.** Gerichtsurteile, die auf Todesstrafe oder lebenslange Zuchthausstrafe lauten, werden im Auszug an geeigneten Stellen des Ortes angeschlagen, wo das Urteil verkündet worden ist und wo das Verbrechen begangen wurde und wo der Verurteilte seinen letzten Wohnsitz gehabt hat.

## Vierter Teil.

## Zurechnungsfähigkeit und Gründe, welche sie aufheben oder mildern.

**§ 44.** Unkenntnis des Gesetzes schließt die Strafbarkeit nicht aus.

**§ 45.** Ist ein Vergehen ohne Vorsatz begangen, dann ist die Strafbarkeit ausgeschlossen, es sei denn, daß es sich um Fälle handelt, in denen das Gesetz die Tat als Folge einer Handlung oder Unterlassung des Täters mit Strafe bedroht.

Bei Übertretungen ist der Täter, auch wenn er sie ohne Vorsatz begangen hat, für seine Handlung oder Unterlassung verantwortlich.

**§ 46.** Wer zur Zeit der Tat sich in einem Zustand von Geistesschwäche befand, die sein Bewußtsein oder seine Handlungsfreiheit aufhob, kann nicht bestraft werden. Hält das Gericht jedoch die Freilassung der Person, deren mangelnde Zurechnungsfähigkeit im Urteil festgestellt wird, für gefährlich, dann kann vom Gericht ihre Überweisung an die zuständige Behörde zwecks einstweiliger Unterbringung bis zur Durchführung des gesetzlichen Verfahrens angeordnet werden.

**§ 47.** Hebt der im voraufgegangenen Paragraphen angegebene Geisteszustand die Zurechnungsfähigkeit nicht völlig auf sondern mildert er sie nur erheblich, so werden die für Vergehen und Übertretungen festgesetzten Strafen nach folgenden Regeln ermäßigt:

1. An die Stelle der Todesstrafe und lebenslangen Zuchthauses tritt zeitiges Zuchthaus nicht unter sechs Jahren;
2. an die Stelle lebenslanger tritt zeitige Verweisung;
3. an die Stelle der dauernden Untersagung der Bekleidung öffentlicher Ämter tritt zeitige Untersagung;

4. an die Stelle von zeitigen Freiheitsstrafen über zwölf Jahre tritt Freiheitsstrafe von drei bis zehn Jahren, an die Stelle von Freiheitsstrafe von sechs bis zehn Jahren tritt Freiheitsstrafe von einem Jahr bis fünf Jahren. In den übrigen Fällen wird die Strafe um die Hälfte ermäßigt;
5. schwere und leichte Geldstrafen werden um die Hälfte ermäßigt.

Bei Freiheitsstrafen kann der Richter die Vollstreckung der Strafe in einer für Verbüßung von Haftstrafen bestimmten Anstalt für die Zeitdauer anordnen, während der die Geisteskrankheit, die zur Ermäßigung der Strafe geführt hat, fortdauert.

**§ 48.** Wer zur Zeit der Tat sich aus einem zufälligen Grunde in einem in den §§ 46 und 47 angegebenen Zustand befand, unterliegt den Bestimmungen dieser Paragraphen.

Straftaten, die in einem Zustand selbstverschuldeter Trunkenheit begangen werden, fallen nicht unter diese Bestimmung.

**§ 49.** Straffrei bleibt, wer die Tat begangen hat:

1. infolge einer gesetzlichen Bestimmung oder einer von ihm pflichtmäßig auszuführenden Anordnung der zuständigen Behörde;
2. weil er durch die Notwendigkeit gezwungen war, einen rechtswidrigen Angriff gegen sein Leben oder seine Ehre oder gegen das Leben oder die Ehre eines anderen auf der Stelle abzuwehren;
3. weil er durch die Notwendigkeit gezwungen war, eine seinem Leben oder dem Leben eines anderen drohende schwere und unmittelbare Gefahr abzuwehren, die er wissentlich nicht selbst verursacht hat und die er mit anderen Mitteln nicht abwehren konnte;

Verstößt die im Falle der Nummer 1 gegebene Anordnung der zuständigen Behörde gegen das Gesetz, so trifft die Strafe wegen des daraus entstandenen Vergehens denjenigen, der die Anordnung gegeben hat.

**§ 50.** Wer bei Begehung der im § 49 angegebenen Straftaten die vom Gesetz, von der zuständigen Behörde oder von der Notwendigkeit gezogenen Grenzen überschreitet, wird, falls das Vergehen mit Todesstrafe oder lebenslangem Zuchhaus bedroht ist, mit Gefängnis nicht unter sechs Jahren bestraft. In den übrigen Fällen tritt eine Ermäßigung der für das Vergehen festgesetzten Strafe um ein Sechstel bis um die Hälfte ein. An die Stelle von Zuchthaus tritt stets Gefängnis und an die Stelle der dauernden Untersagung der Bekleidung öffentlicher Ämter tritt die zeitige Untersagung.

**§ 51.** Wer ein Vergehen in einer durch ungerechtfertigte Aufreizung hervorgerufenen Aufwallung von Zorn oder heftigen Schmerzes begeht, wird, falls dieses Vergehen mit dem Tod oder mit lebenslangem Zuchthaus bedroht ist, mit Zuchthaus nicht unter zwölf Jahren bestraft. In den übrigen Fällen wird die Strafe für die begangene Tat um die Hälfte ermäßigt.

War die Aufreizung schwer und heftig, dann tritt an die Stelle der Todesstrafe und lebenslangen Zuchthauses Zuchthaus von sieben bis zu zwölf Jahren.

Die übrigen Strafen werden um die Hälfte bis um dreiviertel ermäßigt, wobei Zuchthaus in Gefängnis und die dauernde Untersagung der Bekleidung öffentlicher Ämter in die zeitige Untersagung geändert wird.

**§ 52.** Wer aus Irrtum oder Zufall ein Vergehen zum Nachteil einer anderen als der von ihm gewollten Person begeht, wird nicht mit den strafverschärfenden Umständen belastet, die sich aus der Eigenschaft der durch das Vergehen geschädigten Person ergeben. Dagegen werden die mildernden Umstände berücksichtigt, die eingetreten wären, wenn die Tat gegen die gewollte Person begangen wäre.

**§ 53.** Wer zur Zeit der Tat das elfte Lebensjahr noch nicht vollendet hatte, bleibt straffrei.

Ist die Tat ein Vergehen, das gesetzlich mit Freiheitsstrafe von mehr als einem Jahre oder mit einer noch schwereren bedroht ist, so kann der Vorsitzende des Gerichts auf Antrag der Staatsanwaltschaft widerruflich die Unterbringung des Jugendlichen zwecks Erziehung und Besserung bis zur Vollendung des achtzehnten Lebensjahres in einer unter staatlicher Leitung oder Aufsicht stehenden Erziehungs- und Besserungsanstalt anordnen; oder er kann den Eltern oder dem Vormund eine Geldstrafe bis zu zweihundert Pfund für den Fall androhen, daß der Jugendliche infolge mangelnder oder lässiger Aufsicht ein Vergehen begeht.

**§ 54.** Wer zur Zeit der Tat zwar das elfte aber noch nicht das fünfzehnte Lebensjahr vollendet hatte, wird nicht bestraft, wenn er die erforderliche Einsicht nicht besessen hat. Ist die Tat ein Vergehen, das mit Freiheitsstrafe von mehr als einem Jahre oder mit einer noch schwereren Strafe bedroht ist, dann finden die Bestimmungen des voraufgehenden Paragraphen Anwendung.

Hat der Jugendliche die Einsicht besessen, daß die von ihm begangene Tat strafbar ist, dann wird die Strafe nach folgenden Regeln festgesetzt:

1. an die Stelle der Todesstrafe und lebenslangen Zuchthauses tritt Zuchthaus von sechs bis zu fünfzehn Jahren;
2. an die Stelle der lebenslangen tritt zeitige Verweisung;
3. die übrigen Strafen werden nach den Bestimmungen in § 47 Nr. 4 und 5 ermäßigt;
4. die Strafen der Untersagung der Bekleidung öffentlicher Ämter und der Stellung unter Polizeiaufsicht kommen nicht zur Anwendung;

5. die Strafen werden in besonderen Anstalten für Jugendliche verbüßt. Diese Verurteilungen zählen nicht bei Bestimmung des Rückfalls.

**§ 55.** Wer zur Zeit der Tat zwar das fünfzehnte aber noch nicht das achtzehnte Lebensjahr vollendet hat, wird nach den folgenden Regeln bestraft:

1. an die Stelle der Todesstrafe und des lebenslangen Zuchthauses tritt Zuchthaus von zehn bis zu fünfzehn Jahren; an die Stelle lebenslanger tritt zeitige Verweisung nicht unter drei Jahren;
2. zeitige Freiheitsstrafen von mehr als zwölf Jahren werden auf sechs bis zu zehn Jahren, und Freiheitsstrafen von sechs bis zu zwölf Jahren werden auf drei bis zu sechs Jahren ermäßigt;
3. in den übrigen Fällen werden die Strafen um die Hälfte ermäßigt;
4. Geldstrafen werden um ein Drittel ermäßigt;
5. die Strafen der Untersagung der Bekleidung öffentlicher Ämter und der Stellung unter Polizeiaufsicht kommen nicht zur Anwendung.

Hat der Verurteilte zur Zeit des Urteilsspruches das achtzehnte Lebensjahr noch nicht vollendet, dann kann das Gericht die Verbüßung der Freiheitsstrafe in einer Besserungsanstalt anordnen.

**§ 56.** Wer zur Zeit der Tat zwar das achtzehnte aber noch nicht das einundzwanzigste Lebensjahr vollendet hat oder zur Zeit des Urteilsspruches das fünfundsechzigste Lebensjahr überschritten hat, wird anstatt mit dem Tode oder anstatt mit lebenslangem Zuchthaus mit Zuchthaus von vierundzwanzig Jahren bestraft. An die Stelle der Verweisung auf Lebenszeit tritt Verweisung für fünf Jahre. In den übrigen Fällen wird die Strafe um ein Sechstel ermäßigt.

**§ 57.** Ein Taubstummer, der zur Zeit der Tat das fünfzehnte Lebensjahr nicht vollendet hat, bleibt straffrei. Die Bestimmungen des § 53 Absatz 2 finden auf ihn bis zur Vollendung des vierundzwanzigsten Lebensjahres Anwendung.

**§ 58.** Der Taubstumme, der zur Zeit der Tat das fünfzehnte Lebensjahr vollendet hatte, bleibt straffrei, wenn er die Tat ohne Einsicht ihrer Folgen begangen hat. Handelt es sich um ein Vergehen, das mit Freiheitsstrafe von mehr als einem Jahr oder mit einer noch schwereren Strafe bedroht ist, so kommen für den Taubstummen, der das vierundzwanzigste Lebensjahr noch nicht vollendet hat, bis zur Vollendung des vierundzwanzigsten Lebensjahres die Bestimmungen des § 53 Absatz 2 zur Anwendung.

Hat der Täter das vierundzwanzigste Lebensjahr vollendet, so kann das Gericht gemäß den Bestimmungen im § 46 seine Überweisung an die zuständige Behörde zwecks Durchführung des gesetzlichen Verfahrens anordnen.

Hat der Taubstumme das Vergehen mit der erforderlichen Einsicht begangen, so kommen, falls er zur Zeit der Tat das achtzehnte Lebensjahr noch nicht vollendet hatte, die Bestimmungen im § 54 mit Ausnahme des ersten Absatzes zur Anwendung.

Hat der Taubstumme das achtzehnte Lebensjahr aber noch nicht das einundzwanzigste Lebensjahr vollendet, dann kommen die Bestimmungen des § 55 zur Anwendung; hat der Taubstumme das einundzwanzigste Lebensjahr vollendet, dann kommen die Bestimmungen des § 56 zur Anwendung.

**§ 59.** Hält das Gericht, abgesehen von den gesetzlichen mildernden Umständen, zu irgendeiner Zeit strafermäßigende Umstände zugunsten des Täters für vorliegend, dann tritt an die Stelle der Todesstrafe oder des lebenslangen Zuchthauses Zuchthaus von vierundzwanzig Jahren. Die Strafe der lebenslänglichen Verweisung wird in zeitige Verweisung von fünf Jahren geändert. Die übrigen Strafen werden um ein Sechstel bis um ein Drittel ermäßigt.

**§ 60.** Werden Übertretungen von Personen begangen, die unter der Gewalt, der Obhut oder der Aufsicht eines anderen stehen, so wird außer dem Täter auch die Person bestraft, der die Gewalt, die Obhut oder die Aufsicht zustand, wenn es sich um Übertretungen handelt, die eine Zuwiderhandlung gegen Bestimmungen bedeuten, zu deren Beachtung die Aufsichtsperson im Bereich ihrer Gewalt gehalten war und wenn sie die Übertretung durch ihre Sorgfalt hätte verhindern können.

Ist die Übertretung auf Anordnung einer Person erfolgt, der die Gewalt, die Obhut oder die Aufsicht über den Täter zusteht, und verletzt die Übertretung Bestimmungen, zu deren Beachtung die Aufsichtsperson gesetzlich gehalten war, so wird neben demjenigen, der die Anordnung erteilte, auch derjenige, der die Übertretung begeht, bestraft, wenn er eine besondere Anordnung oder eine Warnung der zuständigen Behörde nicht befolgt hat.

## Fünfter Teil.

## Versuch.

**§ 61.** Wer die Ausführung eines Vergehens, das er zu verüben beabsichtigt, mit tauglichen Mitteln beginnt, aber infolge hindernder, von seinem Willen unabhängiger Umstände nicht alles vollführt, was zur Vollendung des Vergehens erforderlich ist, wird, sofern das Gesetz nichts anderes bestimmt, wenn die vollendete Tat mit dem Tode oder mit lebenslangem Zuchthaus bedroht ist, wegen des Versuchs mit zeitigem Zuchthaus nicht unter sieben Jahren, und wenn die vollendete Tat mit dauernder Verweisung bedroht ist, mit Zuchthaus von drei Jahren bestraft. In den übrigen Fällen wird die für das Vergehen gesetzlich festgesetzte Strafe um die Hälfte bis um zwei Drittel ermäßigt. Tritt der Täter von der Ausführung des Vergehens freiwillig zurück, aber bildet die bereits ausgeführte Teilhandlung an sich ein Vergehen, so wird er mit der für die Teilhandlung vorgesehenen Strafe bestraft.

**§ 62.** Wer in der Absicht, ein Vergehen zu begehen, alles vollführt hat, was zu seiner Vollendung erforderlich ist, wird, wenn das Vergehen infolge eines von seinem Willen unabhängigen Umstandes nicht vollendet worden ist, sofern das Gesetz nichts anderes bestimmt, wegen Versuchs mit zeitigem Zuchthaus nicht unter zehn Jahren bestraft, wenn das vollendete Vergehen mit dem Tode oder mit lebenslangem Zuchthaus bedroht ist; ist das vollendete Vergehen mit dauernder Verweisung bedroht, so beträgt die Strafe für den Versuch Zuchthaus von fünf Jahren. In den übrigen Fällen wird die Strafe für das Vergehen um ein Sechstel bis um ein Drittel ermäßigt.

**§ 63.** Das Gesetz bestimmt die Fälle, in denen eine Bestrafung wegen Versuchs eines Vergehens stattfindet, das im Höchstbetrag mit Gefängnis unter einem Jahr oder mit schwerer Geldstrafe bedroht ist.

## Sechster Teil.

## Teilnahme an Vergehen und Übertretungen.

**§ 64.** Nehmen mehrere Personen an der Ausführung eines Vergehens oder einer Übertretung teil, so unterliegt jeder der Mittäter oder der unmittelbar an der Tat mitwirkenden Personen der für die Tat festgesetzten Strafe.

Der gleichen Strafe unterliegt, wer einen anderen zur Begehung eines Vergehens oder einer Übertretung anstiftet. Hatte der Täter an der Ausführung der Tat einen persönlichen Vorteil, so tritt für den Anstifter an die Stelle der Todesstrafe oder des lebenslangen Zuchthauses Zuchthaus bis zu zwanzig Jahren, und an die Stelle lebenslanger Verweisung tritt Zuchthaus von fünf Jahren. Andere Strafen werden um ein Sechstel ermäßigt.

**§ 65.** Wer an der Begehung eines Vergehens oder einer Übertretung teilgenommen hat:

1. durch Anreizung oder Bestärkung des dem Täter vorschwebenden Entschlusses auf Begehung eines Vergehens oder einer Übertretung oder durch das Versprechen einer Unterstützung nach begangener Tat;
2. durch Erteilung von Unterweisungen für die Begehung des Vergehens oder die Übertretung oder durch Beschaffung tauglicher Mittel für ihre Begehung;
3. durch Erleichterung der Ausführung vor oder während der Begehung des Vergehens oder der Übertretung

wird, wenn die Tat selbst mit dem Tode oder mit lebenslangem Zuchthaus bedroht ist, mit Zuchthaus nicht unter zehn Jahren bestraft. Ist die Tat mit lebenslanger Verweisung bedroht, so beträgt die Strafe Verweisung für drei Jahre. In den übrigen Fällen tritt eine Ermäßigung der gesetzlich festgesetzten Strafe um die Hälfte ein.

Die oben angegebene Ermäßigung wird dem Täter einer der in diesem Paragraphen angegebenen Handlungen nicht gewährt, wenn ohne seine Teilnahme die Begehung der Tat selbst nicht möglich gewesen wäre.

**§ 66.** Die mit der Person zusammenhängenden dauernden oder zufälligen Umstände und Eigenschaften, die für einen der Mittäter eines Vergehens oder einer Übertretung oder für einen der Gehilfen strafverschärfend wirken, fallen auch dem Teilnehmer zur Last, dem diese Umstände zur Zeit der Teilnahme an dem Vergehen oder der Übertretung bekannt waren. Die Strafe wird jedoch um ein Sechstel ermäßigt, und an die Stelle der Todesstrafe oder des lebenslangen Zuchthauses tritt Zuchthaus von zwanzig Jahren bis zu vierundzwanzig Jahren.

**§ 67.** Die sachlichen strafverschärfenden Umstände fallen dem Gehilfen, dem sie bei Begehung der Tat bekannt waren, selbst dann zur Last, wenn sie die Art des Vergehens oder der Übertretung ändern.

## Siebenter Teil.

## Zusammentreffen mehrerer Straftaten und Strafen.

**§ 68.** Wer mehrere Vergehen begeht, die mit einer Freiheitsstrafe von mehr als fünf Jahren bedroht sind, wird, wenn ein Vergehen mit lebenslangem Zuchthaus bedroht ist, mit einer zusätzlichen Erhöhung der Einzelhaft von einem Jahr bis zu drei Jahren, und wenn noch ein anderes Vergehen gleichfalls mit lebenslangem Zuchthaus bedroht ist, mit einer zusätzlichen Erhöhung der Einzelhaft bis zu fünf Jahren bestraft.

**§ 69.** Wer mehrere Vergehen begeht, welche mit der gleichen Art zeitiger Freiheitsstrafen bedroht sind, wird zunächst mit der für das schwerere Vergehen festgesetzten Strafe bestraft; alsdann erhält er eine Zusatzstrafe in Höhe des halben Betrages der für die übrigen Vergehen vorgesehenen Strafen, wobei die Gesamtdauer bei Zuchthaus und Gefängnis dreißig Jahre und bei Verweisung fünf Jahre nicht überschreiten darf.

**§ 70.** Wer zwei Vergehen begeht, von denen das eine mit Zuchthaus und das andere mit Gefängnis bedroht ist, wird nach folgenden Regeln bestraft:

1. Übersteigt die Zuchthausstrafe nicht ein Jahr und erreicht sie nicht den dritten Teil der Gefängnisstrafe, so kommt Gefängnis zur Anwendung unter einer Erhöhung, die der Hälfte der Höhe der Zuchthausstrafe entspricht;

2. in anderen Fällen wird auf Zuchthaus erkannt unter einer Erhöhung, welche dem dritten Teil der Dauer der Gefängnisstrafe gleichkommt, wobei die Gesamtdauer dreißig Jahre nicht überschreiten darf.

Treffen mehr als zwei Vergehen zusammen, so kommen zunächst für die gleichartigen Strafen die im § 69 vorgesehenen Regeln zur Anwendung. Alsdann wird, falls nötig, nach den Bestimmungen dieses Paragraphen vorgegangen.

**§ 71.** Wer zwei Vergehen begeht, von denen das eine mit Zuchthaus oder Gefängnis und das andere mit Verweisung bedroht ist, wird im ersten Fall mit Zuchthaus und im zweiten Fall mit Gefängnis bestraft. Wird auf Gefängnis erkannt, dann tritt hierzu eine Erhöhung, die einem Drittel der Dauer der Verweisung gleichkommt; wird auf Zuchthaus erkannt, dann beträgt die Erhöhung ein Sechstel der Dauer der Verweisung.

Sind mehrere Vergehen begangen, die mit Zuchthaus oder mit Gefängnis bedroht sind, oder mehrere Vergehen, die mit Verweisung bedroht sind, dann kommen die Bestimmungen in den §§ 69 und 70 zur Anwendung.

Wer mehrere Vergehen begangen hat, von denen das eine mit dauernder Verweisung und das andere mit Zuchthaus oder Gefängnis bedroht ist, wird zunächst mit dem halben Betrag der Zuchthausstrafe oder mit zwei Drittel der Gefängnisstrafe besonders bestraft. Sind beide Vergehen mit dauernder Verweisung bedroht, dann wird zunächst auf Zuchthaus oder Gefängnis nicht unter zehn Jahren erkannt.

**§ 72.** Wer mehrere Straftaten begeht, die mit Haft bedroht sind, erhält zunächst die Strafe für die schwerere Tat unter einer Erhöhung um die Hälfte der für die übrigen Taten vorgesehenen Strafen, wobei die Gesamtdauer drei Jahre nicht überschreiten darf.

**§ 73.** Wer ein oder mehrere Vergehen und dazu noch eine Übertretung oder mehrere Übertretungen, die mit Haft bedroht sind, begeht, wird zunächst mit der für das Vergehen vorgesehenen Strafe bestraft, und bei dem Zusammentreffen mehrerer Vergehen finden die Bestimmungen der vorhergehenden Paragraphen Anwendung. Alsdann tritt, wenn auf Zuchthaus erkannt worden ist, eine Erhöhung hinzu, die einem Sechstel der Gesamtdauer der Haftstrafen gleichkommt. Wird auf Gefängnis erkannt, dann beträgt die Erhöhung ein Drittel der Dauer der Haftstrafen.

**§ 74.** Beim Zusammentreffen mehrerer Straftaten, die die in den §§ 31, 33, 34 und 35 vorgesehenen Nebenstrafen nach sich ziehen, wird bei der Festsetzung der Wirkungen dieser Strafen nicht die Dauer der Strafen in Betracht gezogen, die sich aus der Zusammenziehung der Strafen infolge des Zusammentreffens mehrerer Strafen ergibt, sondern die für jedes Vergehen vorgesehene Strafe wird besonders berücksichtigt. Ausgenommen bleiben hiervon die Bestimmungen des nachfolgenden Paragraphen.

**§ 75.** Die für jedes Vergehen festgesetzten Strafen der zeitigen Untersagung der Bekleidung öffentlicher Ämter oder der Ausübung eines Berufes oder Gewerbes kommen stets ganz zur Anwendung. Jedoch darf die Gesamtdauer bei der Amtsunfähigkeit zehn Jahre und bei der Untersagung eines Berufes oder Gewerbes vier Jahre nicht überschreiten.

**§ 76.** Die für jede Tat vorgesehenen schweren und leichten Geldstrafen werden stets in voller Höhe verhängt, wobei die Höchstgrenze der höchsten Geldstrafe nicht überschritten werden darf.

Wird eine Geldstrafe in eine Freiheitsstrafe umgewandelt, dann darf ihre Dauer achtzehn Monate nicht überschreiten.

Trifft eine schwere Geldstrafe mit einer leichten zusammen, dann ist die Art der Ersatzstrafe Gefängnis.

**§ 77.** Die Bestimmungen der vorhergehenden Paragraphen kommen auch dann zur Anwendung, wenn jemand, nachdem er verurteilt worden ist, wegen einer vor dem Urteil begangenen anderen Straftat (Vergehen oder Übertretung) abermals abgeurteilt werden muß.

Ist das zweite Vergehen nach der rechtskräftigen Verurteilung oder während der Verbüßung der Strafe begangen, so finden die Bestimmungen des ersten Absatzes gleichfalls Anwendung.

Die in den vorhergehenden Paragraphen vorgesehene Straferhöhung von der Hälfte, von einem Drittel und von einem Sechstel wird jedoch geändert in: zwei Drittel, die Hälfte oder ein Drittel.

Das Gericht, das für die Berücksichtigung des Umstandes eines Zusammentreffens von Vergehen zuständig ist, ist ohne Rücksicht auf die Art der zuerst erkannten Strafe das für die Bestrafung des letzten Vergehens zuständige Gericht.

**§ 78.** Wer um ein Vergehen zu begehen oder um ein bereits begangenes Vergehen zu verheimlichen, ein anderes Vergehen verübt, oder wer während der Begehung eines Vergehens noch eine Tat begeht, die nach dem Gesetz ebenfalls ein Vergehen ist, wird, sofern die Straftaten nicht zu den gesetzlichen Bestandteilen des Vergehens selbst gehören oder als strafverschärfende Umstände in Betracht gezogen werden müssen, nach den Bestimmungen der vorhergehenden Paragraphen bestraft.

**§ 79.** Wer durch die gleiche Tat verschiedene Gesetzesbestimmungen verletzt, wird nach der Bestimmung bestraft, welche die schwerste Strafe festsetzt.

**§ 80.** Wird durch Ausführung des gleichen Entschlusses eine gesetzliche Bestimmung wiederholt, und sei es auch zu verschiedenen Zeiten verletzt, dann kommt nur eine Straftat in Frage. Jedoch wird die Strafe um ein Sechstel bis um die Hälfte erhöht.

Achter Teil.

## Rückfall.

**§ 81.** Wer nach einer Verurteilung zu einer zeitigen Freiheitsstrafe von mehr als fünf Jahren, und zwar innerhalb von zehn Jahren seit dem Zeitpunkt, an welchem die Strafe verbüßt oder erloschen war, und bei einer Verurteilung zu einer Freiheitsstrafe unter fünf Jahren, innerhalb von fünf Jahren von dem obengenannten Zeitpunkt an, wiederum ein Vergehen begeht, darf wegen des neuen Vergehens nicht mit der gesetzlichen Mindeststrafe bestraft werden.

Ist das neue Vergehen der gleichen Art wie das frühere, so wird die Strafe des Täters nach folgenden Regeln erhöht:

1. ist die Strafe für das neue Vergehen Zuchthaus, so wird die Dauer der Einzelhaft um ein Sechstel der Dauer der für das Vergehen auferlegten Strafe erhöht;
2. ist die Strafe für das neue Vergehen eine andere als zeitiges Zuchthaus, so wird die Strafe um ein Sechstel bis um ein Drittel erhöht.

Auf keinen Fall kann die für das zweite Vergehen wegen des Rückfalls vorgeschriebene Erhöhung der Strafe die für das frühere Vergehen auferlegte höchste Strafe überschreiten; bei Bestimmung des Strafmaßes bei der Erhöhung von Geldstrafen werden die Regeln des § 19 über die Umwandlung in Anwendung gebracht.

**§ 82.** Wer zu lebenslangem Zuchthaus verurteilt ist und ein anderes Vergehen begeht, wird, wenn das neue Vergehen mit Zuchthaus oder Gefängnis von mehr als einem Jahre bedroht ist, mit einer Erhöhung der Einzelhaft von sechs Monaten bis zu fünf Jahren, und wenn das neue Vergehen mit lebenslangem Zuchthaus bedroht ist, mit einer Erhöhung der Einzelhaft von sechs bis zu zwölf Jahren bestraft.

Ist die Strafe für das zweite Vergehen lebenslange Verweisung, so wird die Dauer der Einzelhaft um zwei Jahre erhöht.

**§ 83.** Wer zu lebenslanger Verweisung verurteilt ist und später abermals ein Vergehen verübt, das mit lebenslanger Verweisung bedroht ist, erhält an Stelle der für das letztere Vergehen vorgesehenen Strafe drei Jahre Zuchthaus; nach Verbüßung der Zuchthausstrafe wird er wieder an den Ort der Verweisung gebracht.

Ist die Strafe für das zweite Vergehen lebenslanges Zuchthaus, so wird die Dauer der Einzelhaft um zwei Jahre erhöht.

Ist die Strafe für das zweite Vergehen Zuchthaus oder Gefängnis von mehr als einem Jahre, so wird die Zuchthausstrafe für das zweite Vergehen um ein Achtel erhöht; ist die Strafe für das neue Vergehen unter einem Jahr, dann wird sie ganz vollstreckt.

**§ 84.** Auch für die schweren Geldstrafen gelten die Bestimmungen über den Rückfall. Der Betrag der Geldstrafe für das letzte Vergehen wird um den gleichen Betrag der Geldstrafe erhöht, die für das leichtere Vergehen vorgesehen ist.

Weigert sich der Rückfällige, die verhängte Geldstrafe zu bezahlen, so darf die zum Ersatz verhängte Gefängnisstrafe die Dauer von zwei Jahren nicht überschreiten.

**§ 85.** Wer, nachdem er wiederholt zu einer Freiheitsstrafe von jedesmal über drei Monaten verurteilt worden ist, innerhalb der im § 81 angegebenen Frist ein Vergehen der gleichen Art begeht, das ebenfalls mit einer Freiheitsstrafe bedroht ist, wird, falls die zu verhängende Strafe dreißig Monate nicht überschreitet, mit einer Erhöhung dieser Strafe um die Hälfte und in den übrigen Fällen mit einer Erhöhung von einem Drittel bestraft, wobei bei zeitigem Zuchthaus zwanzig Jahre und bei Gefängnis zehn Jahre nicht überschritten werden dürfen.

Ist die angedrohte neue Strafe zeitiges Zuchthaus, dann tritt eine Erhöhung gemäß den Bestimmungen des obigen Absatzes ein; zugleich wird eine Erhöhung der Einzelhaft gemäß den Bestimmungen des § 81 vorgenommen.

**§ 86.** Als Vergehen der gleichen Art gelten nicht nur diejenigen, die die gleiche gesetzliche Bestimmung verletzen, sondern auch solche, die in dem gleichen Abschnitt des Strafgesetzbuches enthalten sind; ferner folgende:

1. Vergehen gegen die Sicherheit des Staates;
2. Vergehen, die öffentliche Beamte durch Verletzung ihrer Dienstpflichten oder durch Mißbrauch ihres Amtes begehen;
3. Vergehen gegen die politische oder gegen die religiöse Freiheit; Mißbrauch von Religionsdienern bei Ausübung ihres Amtes;
4. Vergehen, die gegen Richter und Beamte bei Ausübung ihres Amtes oder die gegen die öffentliche Verwaltung und die öffentliche Ordnung begangen werden;
5. falsche Anschuldigung, Verleumdung, falsche Aussage, Meineid und Amtsuntreue von Rechtsanwälten;
6. Vergehen gegen die öffentliche Wohlfahrt;
7. die im achten Teil enthaltenen Vergehen;
8. die im ersten und zweiten Abschnitt des Teils betreffend Vergehen gegen Personen enthaltenen Vergehen;
9. Diebstahl, Raub, Erpressung, Betrug, Unterschlagung, Hehlerei, betrügerischer Bankrott, ferner Vergehen gegen den letzten Paragraphen des neunten Abschnitts im Dritten Teil, Vergehen gegen § 276 Abschnitt zehn Teil drei, gegen Abschnitt elf Teil drei, gegen die ersten fünf Paragraphen des ersten Abschnitts Teil sechs und gegen Abschnitt fünf, Teil sechs, gegen die ersten fünf Paragraphen und den letzten Paragraphen des dritten Abschnitts Teil sieben.

**§ 87.** Für die Bestimmung des Rückfalls sind nicht maßgebend:

1. bei Vergehen die Verurteilung wegen Übertretungen und umgekehrt;
2. bei Vergehen die Vergehen, die aus Fahrlässigkeit, aus Unerfahrenheit in einem Berufe oder Gewerbe und wegen Nichtbeachtung von Anordnungen und Vorschriften begangen sind und umgekehrt;
3. Verurteilung wegen ausschließlich militärischer Vergehen;
4. die von ausländischen Gerichten erlassenen Urteile.

**§ 88.** Bei der Anwendung der Bestimmungen über den Rückfall gilt die Strafe, die aus einer anderen umgewandelt ist, als Hauptstrafe.

Besonderer Abschnitt.

**Bewährungsfrist.**

**§ 89.** Wer gerichtlich außer mit Geldstrafe noch nicht vorbestraft ist und zu einer Strafe verurteilt wird, die lediglich Geldstrafe oder zeitige Verweisung beträgt, oder Gefängnis, oder Haft von sechs Monaten und darunter, kann vom Gericht eine Bewährungsfrist erhalten, wenn mit Rücksicht auf seine bisherige Führung und seine sittliche Veranlagung die begründete Erwartung besteht, daß die Erteilung der Bewährungsfrist ihn von der künftigen Begehung von Vergehen abhalten wird. In diesem Falle wird der Grund der Bewährungsfrist im Urteil wiedergegeben.

**§ 90.** Jugendliche, die das achtzehnte Lebensjahr noch nicht vollendet haben, sowie Greise von siebzig Jahren und darüber können auch dann gemäß den vorhergehenden Paragraphen eine Bewährungsfrist erhalten, wenn die Strafe Gefängnis bis zu einem Jahr beträgt.

**§ 91.** Die Bestimmung des § 89 gilt auch für Ergänzungsstrafen.

**§ 92.** Eine Bewährungsfrist wird nicht erteilt für Geldstrafen, die als Entschädigung auferlegt werden, für Gegenstände, die gesetzlich eingezogen werden müssen und für die Gerichtskosten.

**§ 93.** Die Ausführung der auf Bewährungsfrist lautenden Entscheidung kann mit Zustimmung des Verurteilten von der Befriedigung oder der Sicherstellung zivilrechtlicher Ansprüche abhängig gemacht werden.

**§ 94.** Ist der Verurteilte, dem eine Bewährungsfrist bewilligt worden ist, zugegen, so belehrt ihn der Gerichtsvorsitzende nach Verkündigung des Beschlusses über die Bewährungsfrist, daß, falls er abermals ein mit Gefängnis oder mit einer noch schwereren Strafe bedrohtes Vergehen begeht, die ausgesetzte Strafe vollstreckt wird und die Strafe für das spätere Vergehen unter Umständen, falls die gesetzlichen Voraussetzungen vorliegen, wegen Rückfalls erhöht werden würde.

**§ 95.** Die Verurteilung zu einer Strafe mit Bewährungsfrist erlischt, wenn der wegen einer Übertretung Verurteilte weder innerhalb eines Jahres nach Verkündung des Urteils wegen eines Vergehens, noch einer Übertretung innerhalb des Bezirks des gleichen Gerichts, zu Gefängnis verurteilt wird, und wenn der zu Gefängnis Verurteilte innerhalb fünf Jahren nach Verkündung des Urteils nicht zu Gefängnis oder zu einer noch schwereren Strafe verurteilt wird. Im anderen Falle werden beide Strafen getrennt vollstreckt.

## Neunter Teil.

## Erlöschen der Strafverfolgung und der Strafe.

**§ 96.** Durch den Tod des Beschuldigten erlischt die Strafverfolgung.

Durch den Tod des Beschuldigten erlischt eine strafrechtliche Verurteilung einschließlich der Verurteilung zu einer noch nicht vollstreckten schweren oder leichten Geldstrafe nebst sämtlichen Wirkungen. Urteile, die vor dem Tode des Verurteilten rechtskräftig geworden sind, werden jedoch hinsichtlich einer etwa ausgesprochenen Einziehung und der Gerichtskosten vollstreckt.

**§ 97.** Die Amnestie und die Begnadigung bringen die strafrechtliche Verfolgung und die bereits erfolgte Verurteilung nebst sämtlichen Wirkungen zum Erlöschen.

**§ 98.** Die Begnadigung hebt, je nach Maßgabe ihrer ausdrücklichen Bestimmungen, die Strafe auf oder ermäßigt sie oder ändert sie. Bei Umwandlung einer schweren Strafe in eine andere hebt sich auch die gesetzliche Entmündigung des Verurteilten auf, falls diese nicht gesetzlich mit der ermäßigten Strafe verbunden ist. Dagegen berührt die Begnadigung nicht die Nebenstrafen und die Ergänzungsstrafen, soweit in dem Gesetz oder in dem Erlaß nichts anderes bestimmt ist. Unberührt bleiben die ausdrücklichen Bestimmungen des Erlasses, mit dem die Begnadigung erfolgt ist.

**§ 99.** Bei Vergehen, die nur auf Antrag erfolgt werden, bringt, sofern das Gesetz nichts anderes bestimmt, die Rücknahme des Antrages des Berechtigten die Strafverfolgung gegen den Beschuldigten und seinen Gehilfen zum Erlöschen.

Die Zurücknahme des Antrages nach Erlaß des Urteils läßt die Vollstreckung der Strafe nur in den vom Gesetz bestimmten Fällen erlöschen.

Die Zurücknahme des Antrages bleibt ohne Wirkung, wenn der Beschuldigte sie nicht annimmt, sofern das Gesetz nichts anderes bestimmt.

**§ 100.** Die Amnestie, die Begnadigung und die Rücknahme des Strafantrages geben weder einen Anspruch auf die Rückgabe der eingezogenen oder an die Staatskasse abgelieferten Gegenstände noch auf die Erstattung der an die Staatskasse entrichteten schweren oder leichten Geldstrafen.

**§ 101.** Sind Strafen auf lebenslanges Zuchthaus oder auf zeitiges Zuchthaus über zehn Jahre durch Begnadigung ermäßigt oder erlassen worden, so wird der Verurteilte, sofern das Gesetz oder der Erlaß nichts anderes ausdrücklich bestimmt, drei Jahre unter Polizeiaufsicht gestellt.

**§ 102.** Soweit das Gesetz nichts anderes bestimmt, erlischt die Strafverfolgung durch Verjährung. Die Verjährungsfrist beträgt:

1. zwanzig Jahre bei Vergehen, die mit Todesstrafe oder mit lebenslangem Zuchthaus bedroht sind;
2. fünfzehn Jahre bei Vergehen, die mit zeitigem Zuchthaus nicht unter zwanzig Jahren bedroht sind;
3. zehn Jahre bei Vergehen, die mit Zuchthaus von fünf bis zu zwanzig Jahren oder mit lebenslanger Verweisung oder mit Gefängnis über fünf Jahre oder mit dauernder Untersagung der Bekleidung öffentlicher Ämter bedroht sind;
4. fünf Jahre bei Vergehen, die mit Zuchthaus, Gefängnis oder zeitiger Verweisung unter fünf Jahren oder mit zeitiger Untersagung der Bekleidung öffentlicher Ämter oder mit schwerer Geldstrafe bedroht sind;
5. zwei Jahre bei Straftaten, die mit Haft über einen Monat oder mit leichter Geldstrafe über dreißig Pfund bedroht sind;
6. sechs Monate bei Übertretungen, die mit einer Strafe unter dem in den vorhergehenden Nummern angegebenen Maß bedroht sind.

**§ 103.** Die Verjährung beginnt mit dem vollendeten Vergehen und Übertretungen mit dem Tage der Vollendung und bei versuchten oder fehlgeschlagenen Vergehen mit dem Tage, an dem die letzte Handlung begangen wurde, und bei fortgesetzten Vergehen mit dem Tage, an dem die Fortsetzung aufhörte.

**§ 104.** Die Verjährung der Strafverfolgung wird durch Verkündung eines Anwesenheits- oder Abwesenheitsurteils unterbrochen. Außerdem unterbrechen der wegen der Flucht des Beschuldigten erfolglos gebliebene Haftbefehl sowie jede Verfügung im Untersuchungsverfahren, die dem Beschuldigten gesetzmäßig zugestellt ist, die Verjährung. In diesem Falle beginnt die Verjährungsfrist von neuem mit dem Tage nach der Unterbrechung.

**§ 105.** Übersteigt die Gesamtdauer der Fristen, die, auch bei wiederholter Unterbrechung der Strafverfolgung, nach Einleitung der Verfolgung zwischen den einzelnen Zeitpunkten der Unterbrechung liegen, die Hälfte der im § 102 für die einzelnen Straftaten besonders festgesetzten Fristen, so findet eine weitere Unterbrechung der Verjährung nicht statt.

Die Verjährung wird bei Übertretungen durch die Strafverfolgung unterbrochen. Ist jedoch innerhalb der in den Nummern fünf und sechs des § 102 angegebenen Fristen, gerechnet von dem

Tage der Einleitung der Strafverfolgung, ein Urteil nicht erlassen, so erlischt die Strafverfolgung.

**§ 106.** Jede Verfügung, die in einer Strafsache wegen Vergehen erlassen wird, unterbricht die Verjährung gegen jeden an dem Vergehen Beteiligten, auch wenn gegen ihn eine Verfolgung oder Untersuchung nicht eingeleitet worden ist.

**§ 107.** Hängt die Strafverfolgung von einer Ermächtigung oder von dem Erlaß eines Beschlusses oder von der vorherigen Entscheidung einer Frage durch eine andere Behörde ab, so ruht die Verjährung bis zur Erteilung der Ermächtigung, zum Erlaß des Beschlusses oder bis zur Entscheidung der Frage.

**§ 108.** Hängt die Verfolgung von der Stellung eines Antrages ab, so darf die Verfolgung nicht eingeleitet werden, wenn der Berechtigte den Antrag nicht innerhalb von sechs Monaten stellt.

Diese Frist beginnt mit dem Tage, an dem der Antragsberechtigte von der Tat oder von dem Täter Kenntnis erhält, jedoch darf die Verjährungsfrist nicht überschritten werden.

Läßt von mehreren Antragsberechtigten einer die sechsmonatige Frist verstreichen, so erlöschen dadurch nicht die Rechte der übrigen.

**§ 109.** Ist wegen derselben Tat aus irgendeinem Grunde eine abermalige Gerichtsverhandlung erforderlich, und lautet die spätere Verurteilung auf eine leichtere Strafe als die erstere, so wird die Verjährungsfrist nach der zuletzt ausgesprochenen Strafe berechnet.

**§ 110.** Das Erlöschen der Strafverfolgung läßt die Erhebung zivilrechtlicher Ansprüche auf Rückgabe von Eigentum oder auf Schadensersatz unberührt.

**§ 111.** Ist die Strafverfolgung dadurch erloschen, daß der Geschädigte den Antrag zurückgenommen hat, so erlöschen auch die zivilrechtlichen Ansprüche, wenn der Antragsberechtigte sie bei Zurücknahme des Antrages nicht ausdrücklich vorbehalten hat.

**§ 112.** Die Vollstreckbarkeit der Strafen erlischt in folgenden Fristen:

1. In dreißig Jahren bei Todesstrafe und bei lebenslanger Zuchthausstrafe;
2. in vierundzwanzig Jahren bei Zuchthausstrafe über zwanzig Jahre;
3. in zwanzig Jahren bei Zuchthaus oder Gefängnis über fünf Jahre und bei lebenslanger Verweisung;
4. und in zehn Jahren bei Zuchthaus oder Gefängnis bis zu fünf Jahren, bei zeitiger Verweisung und bei zeitiger Untersagung der Bekleidung öffentlicher Ämter sowie bei schweren Geldstrafen;
5. in vier Jahren bei Haft über einen Monat, bei Untersagung der Ausübung eines Berufes oder Gewerbes oder bei leichten Geldstrafen über dreißig Pfund;

6. in achtzehn Monaten bei Strafen, deren Höhe unter dem in den vorhergehenden Nummern angegebenen Maß liegt.

Urteile, die auf verschiedenartige Strafen lauten, verjähren nach der Frist, die für die schwerste Strafe festgesetzt ist.

Ist die Strafe durch Verjährung erloschen, dann erlischt auch die Strafe der Stellung unter Polizeiaufsicht.

**§ 113.** Die Verjährung der Vollstreckbarkeit beginnt an dem Tage nach der Rechtskraft des Urteils.

**§ 114.** Jede Verfügung, die zum Zwecke der Vollstreckung des Urteils erlassen wird und dem Verurteilten gesetzmäßig zugestellt worden ist, unterbricht die Verjährung. Die Verbüßung der Strafe oder die Verhaftung unterbricht gleichfalls die Verjährung. Bei Unterbrechungen beginnt die Verjährung von neuem an dem Tage nach dem Zeitpunkt der Unterbrechung. Begeht der wegen eines Vergehens Verurteilte während des Laufes der Verjährungsfrist ein gleichartiges anderes Vergehen, so wird dadurch die Verjährungsfrist ebenfalls unterbrochen.

**§ 115.** Ist die Strafe der zeitigen Untersagung der Bekleidung öffentlicher Ämter oder einer sonstigen Unfähigkeit oder der Untersagung der Ausübung eines Berufs oder Gewerbes mit einer anderen Strafe verbunden oder die Folge einer Verurteilung, so wird die Verjährung hinsichtlich der genannten Strafen der Amtsunfähigkeit oder Berufsausübung nur durch eine Zeitdauer vollendet, die der doppelten Höhe der für diese Strafen festgesetzten Dauer gleichkommt. Diese Verjährung beginnt mit dem Tage, an dem die Hauptstrafe erloschen ist.

**§ 116.** Die Verjährung von Strafurteilen, die im Abwesenheitsverfahren erlassen sind, beginnt an dem Tage nach ihrem Erlaß; diese Frist wird durch die Verhaftung des Verurteilten unterbrochen.

**§ 117.** Die Frist der Verjährung der Strafverfolgung und der Vollstreckbarkeit der Strafe wird nach § 30 berechnet.

Die Verjährung der Strafverfolgung und der Vollstreckbarkeit kommt gesetzlich und von Amts wegen zur Anwendung; der Beschuldigte oder der Verurteilte kann auf sie nicht verzichten.

**§ 118.** Verurteilungen wegen Vergehen, die im Ausland gegen die äußere Sicherheit des Staates unternommen worden sind, unterliegen nicht der Verjährung.

**§ 119.** Soweit das Gesetz nichts anderes bestimmt, kann der Täter bei Übertretungen, die höchstens mit zweihundert Pfund leichter Geldstrafe bedroht sind, die Strafverfolgung, sofern sie noch nicht eingeleitet ist, dadurch zum Erlöschen bringen, daß er an die zuständige Behörde einen Betrag entrichtet, der den Höchstbetrag der für diese Übertretung festgesetzten Geldstrafe beträgt.

**§ 120.** Das Erlöschen der Strafurteile berührt nicht Verurteilungen hinsichtlich zivilrechtlicher Ansprüche, Rückgabe des Eigentums, Schadensersatz und Kosten. Beruht das Erlöschen auf einer Amnestie, dann entfällt auch der Anspruch der Staatskasse auf Erstattung der Gerichtskosten.

Zehnter Teil.

## Wiederverleihung untersagter Rechte.

**§ 121.** Die Strafen der dauernden Untersagung der Bekleidung öffentlicher Ämter und jeder anderen infolge einer strafrechtlichen Verurteilung eingetretenen Amtsunfähigkeit können durch Wiederverleihung aufgehoben werden.

**§ 122.** War diese Strafe mit einer Freiheitsstrafe verbunden, so kann die Wiederverleihung von dem Verurteilten nur nachgesucht werden, wenn er über seine Tat Reue gezeigt und sich nachweislich gut geführt hat und zwar erst nach Ablauf von drei Jahren, gerechnet von dem Tage an, an dem er seine Strafe verbüßt hat, oder an dem sie durch Begnadigung aufgehoben wurde, und innerhalb eines Zeitraums von fünf Jahren, wenn die Strafe durch Verjährung erloschen ist.

War die Strafe der Amtsunfähigkeit nicht mit einer anderen Strafe verbunden, so kann die Wiederverleihung erst nach Ablauf von fünf Jahren, gerechnet von dem Tage der Rechtskraft des Urteils an, nachgesucht werden.

**§ 123.** Rückfällige können eine Wiederverleihung erst beantragen, wenn nach der vollständigen Verbüßung der Strafe oder nach dem Erlöschen der Strafe durch Begnadigung oder Verjährung die doppelte Dauer der in dem vorhergehenden Paragraphen angegebenen Frist verstrichen ist.

**§ 124.** Die Wiederverleihung wird gemäß den Bestimmungen der Strafprozeßordnung ausgeführt. Über den Antrag des Berechtigten auf Wiederverleihung entscheidet das nach der Prozeßordnung zuständige Gericht.

Zweites Buch.

# Vergehen.

Erster Teil.

## Vergehen gegen die Sicherheit des Staates.

Abschnitt 1.

### Vergehen gegen das Vaterland.

**§ 125.** Wer es unternimmt, das Gebiet der Türkischen Republik ganz oder teilweise einer fremden Herrschaft zu unterwerfen, oder die Unabhängigkeit der Türikischen Regierung zu schmälern, oder einen Teil der Türkischen Republik von der Regierung loszureißen, wird mit dem Tode bestraft.

**§ 126.** Der türkische Staatsangehörige, der vor Ausbruch eines Krieges im militärischen Dienst einer fremden Regierung stand, wird mit Zuchthaus nicht unter drei Jahren bestraft, wenn er nach Kriegsausbruch in diesem Dienst bleibt.

Der türkische Staatsangehörige, der in den militärischen Dienst einer fremden Regierung tritt, die offensichtlich mit der Türkischen Republik Krieg führen wird, wird mit Zuchthaus nicht unter zehn Jahren bestraft. Ist der Eintritt in diesen Dienst nach Kriegsausbruch erfolgt, dann ist auf Zuchthaus nicht unter fünfzehn Jahren zu erkennen.

Der Türke, der irgendwie die Waffen gegen die Türkische Republik trägt, wird mit dem Tode bestraft.

**§ 127.** Wer gegen die Türkei die Waffen trägt, und vorher durch den Eintritt in den militärischen Dienst einer fremden Regierung die türkische Staatsangehörigkeit verloren hat, wird mit Zuchthaus nicht unter fünfzehn Jahren bestraft.

Hat der Täter vor Begehung der Tat die türkische Staatsangehörigkeit aus einem anderen Grunde verloren, so ist auf Zuchthaus oder Gefängnis von fünf bis zu zehn Jahren zu erkennen.

**§ 128.** Mit dem Tode wird bestraft, wer im Kriege

einen befestigten Platz, eine Stadt, eine Festung, eine militärische Stellung, ein Arsenal, eine Munitionsfabrik, Anstalten und Fabriken für die Herstellung von Kriegsgerät, Nachrichten- und Transportmittel, Speicher für Lebensmittel, Depots für Kriegsgerät, Truppenteile zu Land, zu Wasser und in der Luft ganz oder teilweise dem Feinde durch Verrat überliefert oder durch Verrat dem Feind in die Hände spielt,

Waffen, sonstiges Kriegsgerät, militärische Lebensmittelspeicher und Hallen für Flugzeuge verbrennt, zerstört, beschädigt oder unbrauchbar macht,

zum Schaden des türkischen Heeres und zum Vorteil des Feindes in der gleichen Weise Brücken, Dämme, Eisenbahnen, Wege zerstört oder zum Zwecke der Verteidigung oder des Angriffs geplante oder errichtete Anlagen zur Überschwemmung oder sonstige militärische Anlagen vernichtet oder beeinträchtigt oder unbrauchbar macht,

auf irgendeine Weise dem Feinde das Eindringen in das Land erleichtert oder die militärischen Kräfte des Feindes durch materielle Unterstützung oder durch Lieferung von Lebensmitteln und Kriegsgerät stärkt oder Mittel zur Stärkung beschafft oder deren Beschaffung erleichtert,

oder wegen dieser sämtlichen Vorhaben mit dem Feinde, auch mittelbar, in Verbindung tritt.

**§ 129.** Wer zum Zwecke der Spionage, d. h. zwecks Unterstützung der feindlichen Absichten, mit dem Feinde in Verbindung tritt oder für ihn Nachrichten sammelt, oder wer wissentlich einen Spion aufnimmt, verbirgt, ihm sein Vorhaben erleichtert oder ihm Beihilfe leistet, wird mit dem Tode bestraft.

**§ 130.** Wer im Kriege vorsätzlich gegen die im Interesse der Sicherheit des Staates erlassenen Anordnungen und Vorschriften zuwiderhandelt, wird mit Zuchthaus von zwei bis zu sechs Jahren bestraft.

**§ 131.** Wer im Kriege bei Lieferung von Kriegsbedürfnissen an das Heer oder die Flotte arglistig handelt, wird mit Zuchthaus nicht unter zehn Jahren bestraft.

**§ 132.** Wer, um eine fremde Regierung zum Kriege gegen die Türkei zu bewegen, oder um die militärischen Bewegungen einer mit der Türkei im Kriege befindlichen Macht zu erleichtern, mit der anderen Regierung oder mit ihren Agenten eine geheime Verbindung unterhält oder zu diesem Zweck andere Handlungen unternimmt oder mit der fremden Regierung ein Einverständnis unterhält, wird mit Zuchthaus von fünfzehn bis zu zwanzig Jahren, und, wenn er seine Absicht erreicht hat, mit lebenslangem Zuchthaus bestraft.

**§ 133.** Wer die Sicherheit des Staates gefährdende Geheimnisse dadurch verrät, daß er Schriftstücke, Tatsachen, Zeichnungen, Pläne oder sonstige Mitteilungen über Kriegsgerät des türkischen Staates, Luftstreitkräfte, Festungen, Befestigungen, militärische Bewegungen, Arsenale, Häfen und Kriegsschiffe einem anderen unterbreitet, mitteilt oder veröffentlicht oder sonstwie die Beschaffung von Kenntnissen hierüber erleichtert, wird mit Zuchthaus oder Gefängnis von einem Jahre bis zu drei Jahren und mit schwerer Geldstrafe nicht unter dreihundert Pfund bestraft.

Ist das Geheimnis einer fremden Regierung oder ihren Agenten verraten worden, so trifft den Täter Zuchthaus- oder Gefängnisstrafe nicht unter fünf Jahren und schwere Geldstrafe nicht unter vierhundert Pfund.

Hat die Tat die zwischen der Türkischen Regierung und einer fremden Regierung bestehenden freundschaftlichen Beziehungen gestört oder ist sie gegenüber einer mit der Türkischen Regierung im Kriegszustand befindlichen fremden Macht oder ihren Agenten begangen, so wird der Täter mit Zuchthaus nicht unter fünfzehn Jahren bestraft.

War der Täter mit der Bewahrung dieser Zeichnungen, Pläne oder Schriftstücke amtlich beauftragt, oder hat er diese Geheimnisse in Veranlassung seines Amtes erfahren, oder hat er sie sich mit Gewalt oder List beschafft oder mit Gewalt oder List Kenntnis von ihnen erlangt, so wird die Strafe um ein Drittel erhöht.

**§ 134.** Wer sich den Besitz dieser Geheimnisse oder ihre Kenntnis verschafft, wird gleichfalls nach den Bestimmungen des vorhergehenden Paragraphen bestraft.

**§ 135.** Beamte, Angestellte amtlicher Anstalten und sonstige Personen, die in Veranlassung ihres Amtes oder auf sonstige amtliche Weise von wichtigen politischen Angelegenheiten der türkischen Republik oder von Geheimnissen betreffend geheime militärische Bewegungen Kenntnis erlangen und ohne hierzu von der Regierung ermächtigt zu sein, diese Kenntnisse einem Agenten einer fremden oder einer feindlichen Regierung unmittelbar oder mittelbar verraten, werden nach der Schwere der Tat mit lebenslangem Zuchthaus oder mit dem Tode bestraft.

**§ 136.** Ist die Kenntnis der in den §§ 133 und 135 angegebenen Geheimnisse durch Fahrlässigkeit oder Unachtsamkeit der mit ihrer Bewahrung beauftragten oder amtlich zu ihrer Kenntnis gelangten Person verbreitet worden, so tritt Gefängnisstrafe von drei Monaten bis zu acht Jahren sowie schwere Geldstrafe von hundert bis zu dreihundert Pfund ein.

**§ 137.** Konzessionierte Verleger oder verantwortliche Schriftleiter von Zeitungen und Zeitschriften, die im Kriege oder im Frieden außer den von den Heeres- und Marinestellen herausgegebenen Nachrichten und den von den militärischen Stellen zur Veröffentlichung freigegebenen Nachrichten Artikel oder Abhandlungen über Bewegungen der Land-, See- und Luftstreitkräfte oder über Verteidigungsmittel oder Nachrichten über Einberufungen veröffentlichen, werden mit schwerer Geldstrafe von fünfzig bis zu fünfhundert Pfund bestraft.

Wenn der konzessionierte Verleger oder der verantwortliche Schriftleiter die Quelle der verbreiteten Nachricht oder ihren Verfasser nicht angibt oder benennt, so wird auf den Höchstbetrag der im ersten Absatz festgesetzten Strafe erkannt und außerdem tritt Gefängnisstrafe von drei bis zu sechs Monaten ein.

**§ 138.** Wer unbefugt Pläne von Befestigungen, Kriegsschiffen, militärischen Wegen, Anstalten oder sonstigen Werken oder von Luftstreitkräften abzeichnet oder wer heimlich oder mit List verbotene Zonen oder solche Orte betritt, zu denen der allgemeine Zutritt verboten ist, wird mit Gefängnis von sechs bis zu dreißig Monaten und mit schwerer Geldstrafe von fünfzig bis zu hundert Pfund bestraft.

Wer ohne besondere Absicht derartige Orte heimlich oder mit List betritt, wird mit Gefängnis bis zu sechs Monaten bestraft.

**§ 139.** Wer von der Türkischen Republik beauftragt ist, mit einer fremden Regierung eine Staatsangelegenheit zu verhandeln und sich vorsätzlich gegen seinen Auftrag in einer das öffentliche Wohl gefährdenden Weise untreu erweist, wird mit Zuchthaus oder Gefängnis von drei bis zu zwölf Jahren bestraft.

**§ 140.** Die in dem § 128 und den folgenden Paragraphen angegebenen Vergehen werden gleichfalls mit den in den angegebenen Paragraphen festegesetzten Strafen geahndet, wenn die Vergehen gegenüber einem mit der Türkischen Regierung verbündeten und infolge des

Bündnisses im Kriegszustand befindlichen fremden Staat begangen worden sind.

**§ 141.** Wer sichere Kenntnis davon erhält, daß eines der in den vorhergehenden Paragraphen angegebenen Vergehen begangen werden soll und es unterläßt, den Behörden davon rechtzeitig Kenntnis zu geben, wird, wenn das Vergehen oder ein strafbarer Versuch begangen worden ist, mit Gefängnis nicht unter sechs Monaten bestraft.

**§ 142.** Wer durch unbefugte Anwerbung von Soldaten in der Türkei oder im Ausland oder auf sonstige Weise die Neutralität der Türkischen Republik gefährdet oder die Regierung der Gefahr eines Krieges aussetzt, wird mit Gefängnis von fünf bis zu zehn Jahren bestraft.

Ist infolge der Tat ein Krieg ausgebrochen, so ist die Strafe nicht unter fünfzehn Jahren.

Hat eine derartige von der Regierung nicht gebilligte Tat die türkische Republik oder ihre Staatsangehörigen nur der Gefahr von Repressalien ausgesetzt oder die freundschaftlichen Beziehungen zwischen der Türkei und einer fremden Regierung gefährdet, so wird der Täter mit Gefängnis von drei bis zu dreißig Monaten bestraft. Haben Repressalien stattgefunden, dann ist die Gefängnisstrafe dreißig Monate bis zu fünf Jahren.

**§ 143.** Ein in der Türkei wohnhafter Türke oder Ausländer, der, außer im Kriege, einer feindlichen Regierung oder ihren Agenten unmittelbar oder mittelbar Bedürfnisse oder sonstige der Türkischen Regierung nachteilige Mittel besorgt oder verschafft, wird mit Zuchthaus oder Gefängnis von einem Jahr bis zu fünf Jahren und mit schwerer Geldstrafe von zweihundert bis zu fünfhundert Pfund bestraft.

**§ 144.** Wer von einer mit der Türkei im Kriege befindlichen Macht Orden, Würden, Gehalt oder sonstige Vorteile annimmt, wird mit schwerer Geldstrafe von fünfzig bis zu zweihundertfünfzig Pfund bestraft.

**§ 145.** Wer an einem allgemein zugänglichen Orte in mißachtender Absicht die türkische Fahne, das türkische Wappen oder ein sonstiges Hoheitszeichen der Regierung wegnimmt, zerreißt oder beschädigt oder sonstwie schmäht, wird mit Gefängnis von einem Jahr bis zu drei Jahren bestraft.

## Abschnitt 2.

## Vergehen gegen die Staatsgewalt.

**§ 146.** Wer mit Gewalt versucht, die Verfassung der türkischen Republik ganz oder teilweise zu ändern oder aufzuheben oder die auf Grund dieser Verfassung gebildete Große Nationalversammlung zu sprengen oder an der Ausübung ihrer Befugnisse zu hindern, wird mit dem Tode bestraft.

Wer in der im § 65 angegebenen Weise zur Begehung dieser Vergehen auffordert, indem er entweder allein oder mit anderen gemeinsam durch Wort, Schrift oder Tat eine Verschwörung anzettelt oder auf Plätzen, Straßen oder in Versammlungen Reden hält oder Plakate anheftet oder Veröffentlichungen erläßt, wird, selbst wenn es bei einem Versuch bleibt, gleichfalls mit dem Tode bestraft.

**§ 147.** Wer das Kabinett der türkischen Republik mit Gewalt sprengt oder mit Gewalt an der Ausübung seiner Befugnisse verhindert und wer hierzu auffordert, wird mit dem Tode bestraft.

**§ 148.** Wer ohne Erlaubnis der Regierung in der Türkei Anwerbungen für eine fremde Regierung vornimmt oder angeworbene Leute bewaffnet, wird mit Zuchthaus oder Gefängnis von drei bis zu zehn Jahren bestraft.

Befinden sich unter den Angeworbenen türkische Militärpersonen, so wird die Strafe von achtzehn Monaten bis zu zehn Jahren erhöht.

**§ 149.** Wer die Bevölkerung zum bewaffneten Aufstand gegen die Türkische Regierung oder zum Bürgerkrieg auffordert, wird mit Zuchthaus nicht unter fünfzehn Jahren bestraft.

Ist infolge der Aufforderung ein Aufstand oder ein Bürgerkrieg entstanden, so werden die Anstifter oder die Führer des Aufstandes mit dem Tode bestraft.

Wer an diesem Vergehen nur teilnahm, wird mit Zuchthaus nicht unter sechs Jahren bestraft.

**§ 150.** Wer zu umstürzlerischen Zwecken Schußwaffen, Munition, blanke Waffen, Bomben oder sonstige explosive oder entzündbare oder zur Tötung bestimmte Werkzeuge anfertigt, herstellt, befördert, bereithält oder aus dem Ausland in die Türkei einführt, oder verbirgt oder führt, wird mit zeitigem Zuchthaus bestraft.

**§ 151.** Wer von einem der in den vorhergehenden Paragraphen angegebenen Vergehen Kenntnis erhält, ist verpflichtet, der Regierung sofort Anzeige zu machen. Wer diese Verpflichtung böswillig nicht erfüllt, wird, wenn die Verschwörung in die Tat umgesetzt wird, mit Gefängnis nicht unter einem Jahr und, wenn es nicht zur Tat gekommen ist, mit Gefängnis nicht unter sechs Monaten bestraft.

Wer Verschwörer wissentlich aus anderen als den für sie bestimmten Orten einläßt, oder wer sie innerhalb der Türkei von einem Ort zu einem anderen befördert, wird mit zeitigem Zuchthaus bestraft.

**§ 152.** Wer ohne dazu amtlich befugt zu sein oder ohne Billigung der Regierung den Befehl über eine militärische Abteilung, über die Flotte, über ein Kriegsschiff, über eine Festung oder einen befestigten Platz oder einen Hafen oder eine Stadt übernimmt, oder wer einem Befehl über die Abgabe seines militärischen Kommandos ohne stichhaltigen Grund nicht Folge leistet, und auf seinem Vorhaben beharrt, wird mit dem Tode bestraft.

**§ 153.** Wer außerhalb der im Militär-Strafgesetzbuch vorgesehenen Fälle bewaffnete Streitkräfte der Regierung oder Gendarmerie durch Veröffentlichung von eigenen oder wiedergegebenen Artikeln, oder durch Reden in öffentlichen Versammlungen, oder in Ansammlungen von Leuten oder durch Aufwiegelung einzelner oder versammelter Mannschaften zum Ungehorsam auffordert, wird mit zeitigem Zuchthaus bestraft.

**§ 154.** Wer dabei betroffen wird, als er im Begriff war, zu umstürzlerischen Zwecken gedruckte oder nicht gedruckte Schriftstücke und Broschüren zu verbreiten, um zur Begehung der in den vorhergehenden Paragraphen angegebenen Vergehen aufzufordern, wird mit Gefängnis von einem Jahr bis zu drei Jahren bestraft.

**§ 155.** Wer außer den in den vorhergehenden Paragraphen angegebenen Fällen durch Veröffentlichung von Artikeln die Bevölkerung zum Ungehorsam gegen die Gesetze auffordert oder sonstwie die öffentliche Sicherheit gefährdet, oder wer in Veröffentlichungen zur Verweigerung des Militärdienstes auffordert oder sonstwie hierzu aufwiegelt oder wer zu diesem Zweck in öffentlichen Versammlungen oder in Ansammlungen Reden hält, wird mit Gefängnis von zwei Monaten bis zu zwei Jahren und mit schwerer Geldstrafe von fünfundzwanzig bis zu zweihundertundfünfzig Pfund bestraft.

**§ 156.** Wer ein Attentat gegen den Staatspräsidenten unternimmt oder versucht, wird bei vollendetem Versuch mit dem Tode und bei fehlgeschlagenem Versuch mit lebenslangem Zuchthaus bestraft.

**§ 157.** Wer außer dem im vorhergehenden Paragraphen behandelten Fall den Staatspräsidenten tätlich angreift, wird, sofern nicht nach dem Gesetz eine schwerere Strafe verwirkt ist, mit Zuchthaus nicht unter fünf Jahren bestraft.

**§ 158.** Wer den Staatspräsidenten in seiner Gegenwart beleidigt, oder wer Beleidigungen gegen den Staatspräsidenten veröffentlicht, wird mit Zuchthaus nicht unter drei Jahren bestraft.

Wer den Staatspräsidenten in seiner Abwesenheit durch Worte beleidigt, wird mit Gefängnis von einem Jahr bis zu drei Jahren bestraft.

**§ 159.** Wer die Große Nationalversammlung, die Regierung, das Heer, die Flotte oder das Türkentum beleidigt und schmäht, wird ebenfalls nach den Bestimmungen des vorhergehenden Paragraphen bestraft.

Wer die Gesetze der türkischen Republik verächtlich macht, wird mit Gefängnis bis zu sechs Monaten und mit schwerer Geldstrafe von dreißig bis zu hundert Pfund bestraft.

**§ 160.** Die strafrechtliche Verfolgung in den Fällen der §§ 157 und 158 findet nur mit Ermächtigung des Justizministers und in den Fällen des § 159 nur mit Ermächtigung des Präsidenten der Großen Nationalversammlung statt.

**§ 161.** Wer die öffentliche Meinung dadurch aufregt, daß er wissentlich unrichtige Nachrichten oder erdichtete oder entstellte oder ohne Grund einer bestimmten Person zugeschriebene Schriftstücke veröffentlicht und verbreitet, oder dadurch, daß er amtliche Schriftstücke und Reden verändert und verfälscht veröffentlicht, wird mit Gefängnis von einem Monat bis zu sechs Monaten und mit schwerer Geldstrafe von fünfundzwanzig bis zu fünfzig Pfund bestraft.

Haben diese Veröffentlichungen die öffentliche Ruhe gestört, dann wird der Täter mit Gefängnis von sechs Monaten bis zu zwei Jahren und mit schwerer Geldstrafe von fünfzig bis zu einhundert Pfund bestraft.

**§ 162.** Die Verbreitung von Veröffentlichungen, die ein nach dem Gesetz strafbares Vergehen darstellen, gilt als besonderes Vergehen und wird wie die Veröffentlichung bestraft. Zusätze des Inhalts bei der Verbreitung, daß die Richtigkeit der Angaben in der Veröffentlichung nicht nachgeprüft sei, daß die Verbreitung nur mit Vorbehalt erfolge oder daß die Verantwortung für die Veröffentlichung einem anderen überlassen werden müsse, schließen die Strafbarkeit des Verbreiters nicht aus.

**§ 163.** Wer sich der Religion, religiöser Gefühle oder nach einer Religion für heilig gehaltener Gegenstände bedient, um in irgendeiner Weise oder aus irgendeiner Veranlassung die Bevölkerung zu Handlungen aufzufordern, die die Sicherheit des Staates gefährden, oder wer zu diesem Zweck Vereinigungen bildet, wird mit zeitigem Zuchthaus bestraft, und zwar selbst dann, wenn die Aufforderung oder der Versuch der Bildung einer Vereinigung erfolglos geblieben ist.

Wer einer solchen Vereinigung beitritt, wird nach den Bestimmungen des § 313 bestraft.

Verboten ist die Bildung politischer Vereinigungen auf der Grundlage religiöser Gefühle und Anschauungen. Gründer, Leiter und Mitglieder derartiger Vereinigungen werden nach den Bestimmungen des ersten Absatzes bestraft.

## Abschnitt 3.

## Vergehen gegen die Staatsoberhäupter und Gesandten fremder Regierungen.

**§ 164.** Wer gegen ein fremdes Staatsoberhaupt ein Vergehen begeht, unterliegt der für dieses Vergehen festgesetzten Strafe unter Erhöhung um ein Sechstel bis um ein Drittel.

Bei Vergehen, deren Verfolgung von einem Antrage des Verletzten abhängig ist, wird nur auf Antrag der fremden Regierung eingeschritten.

**§ 165.** Wer in beleidigender Absicht die amtlich aufgezogene Fahne oder das Wappen einer befreundeten Regierung wegnimmt, zerreißt oder beschädigt oder in sonstiger Weise schmäht, wird mit Gefängnis von drei Monaten bis zu einem Jahre bestraft. Die Verfolgung findet nur auf Antrag der zuständigen Regierung statt.

**§ 166.** Wer gegen die bei der türkischen Republik beglaubigten diplomatischen Vertreter in Veranlassung der Ausübung ihrer Amtsbefugnisse ein Vergehen begeht, wird mit den Strafen bestraft, die für Vergehen gegen Beamte der Regierung in Veranlassung der Ausübung ihrer Befugnisse vorgesehen sind.

Ist das Vergehen eine Beleidigung, so findet eine Verfolgung nur auf Antrag des Beleidigten statt.

**§ 167.** Die Anwendung der Bestimmungen dieses Abschnittes ist davon abhängig, daß die Regierung, der der Verletzte angehört, in ähnlichen Fällen gesetzlich die Gegenseitigkeit gewährt.

## Abschnitt 4.

## Gemeinsame Bestimmungen zu den vorhergehenden Abschnitten.

**§ 168.** Wer um eines der in den §§ 125, 128, 146, 147, 149 und 156 angegebenen Vergehen zu begehen, eine bewaffnete Vereinigung oder eine Bande bildet oder wer den Befehl einer solchen Vereinigung oder Bande übernimmt oder in ihr ein besonderes Amt ausübt, wird mit Zuchthaus nicht unter zehn Jahren bestraft.

Die übrigen Angehörigen der Vereinigung oder der Bande werden mit Zuchthaus von fünf bis zu zehn Jahren bestraft.

**§ 169.** Wer außerhalb der in den §§ 64 und 65 angegebenen Fälle einer solchen Vereinigung oder Bande wissentlich einen Unterschlupf gewährt oder behilflich ist oder Lebensmittel oder Waffen oder Schießbedarf oder Kleidungsstücke verschafft oder sonstwie ihr Vorhaben erleichtert, wird mit Zuchthaus von drei bis zu fünf Jahren bestraft.

**§ 170.** Straffrei bleibt, wer vor der Aufforderung der Regierung oder unmittelbar darauf die Vereinigung oder die Bande auflöst oder verhindert, daß sie das Vergehen begeht, zu dessen Verübung sie gebildet war, oder wer, ohne an der Bildung oder an der Führung der Vereinigung oder der Bande teilgenommen zu haben, vor der Aufforderung der Behörden oder der Polizei oder unmittelbar darauf die Vereinigung oder die Bande ohne Widerstand zu leisten verläßt und die Waffen niederlegt und übergibt oder wer nach Einleitung der Untersuchung dazu verhilft, daß die übrigen Teilnehmer festgenommen werden können.

**§ 171.** Wenn sich mehrere Personen heimlich verabreden, mit bestimmten Mitteln eines oder mehrere der in den §§ 125, 128, 146, 147, 149 und 156 angegebenen Vergehen zu begehen, so wird jeder nach den folgenden Bestimungen bestraft:

1. Bezieht sich die im vorhergehenden Absatz genannte Abrede auf Begehung der in den §§ 125, 128 und 156 angegebenen Vergehen, so ist die Strafe Zuchthaus von acht bis zu fünfzehn Jahren;

2. bezieht sich die Abrede auf Begehung der in den §§ 146 und 147 genannten Vergehen, so ist die Strafe Zuchthaus von vier bis zu zehn Jahren und in dem Falle des § 149 Zuchthaus von drei bis zu sieben Jahren.

Straffrei bleibt, wer vor der Ausführung des Vergehens und vor der Einleitung einer gesetzlichen Verfolgung von der Abrede zurücktritt.

**§ 172.** Wer außerhalb der Fälle der §§ 64 und 65 auf Plätzen oder in Ansammlungen öffentlich die Bevölkerung zur Begehung eines der in den §§ 125, 128, 146, 147, 149 und 156 angegebenen Vergehen auffordert, wird allein wegen dieser Straftat mit Zuchthaus von drei Jahren bis zu fünf Jahren, wenn es sich um Vergehen gegen die §§ 125, 128 und 156 handelt, und mit Zuchthaus von zwei bis zu vier Jahren bestraft, wenn es sich um Vergehen gegen die §§ 146, 147 und 149 handelt. In beiden Fällen tritt noch schwere Geldstrafe bis zu einhundertfünfzig Pfund hinzu.

Wer bei Begehung der im Teil I angegebenen Vergehen noch ein weiteres Vergehen begeht, erhält eine Erhöhung der sich aus der Anwendung des § 68 ergebenden Strafe um ein Sechstel.

**§ 173.** Zu der auf Grund dieses Teils I erkannten Zuchthausstrafe tritt noch Stellung unter Polizeiaufsicht.

## Zweiter Teil.

## Vergehen gegen die Freiheit.

### Abschnitt 1.

### Vergehen gegen die politische Freiheit.

**§ 174.** Wer mit Gewalt oder durch Drohung oder durch Erregung eines Tumultes oder Lärms jemanden gänzlich oder teilweise an der Ausübung seiner polititischen Rechte verhindert, wird, falls das Gesetz keine andere Strafe vorsieht, mit Gefängnis von einem Monat bis zu dreißig Monaten und mit schwerer Geldstrafe von fünfzehn bis zu fünfzig Pfund bestraft.

Ist der Täter ein Staatsbeamter und hat er das Vergehen unter Mißbrauch seines Amtes begangen, so tritt Gefängnis von einem Jahr bis zu fünf Jahren ein.

Außerdem ist auf Untersagung der Bekleidung öffentlicher Ämter auf die Dauer von einem Jahre bis zu drei Jahren zu erkennen.

### Abschnitt 2.

### Vergehen gegen die religiöse Freiheit.

**§ 175.** Wer, um eine der vom Staate zugelassenen Religionen zu schmähen, die Ausübung einer religiösen Verrichtung oder Feierlichkeit oder des Gottesdienstes verhindert oder stört, wird mit Gefängnis von einem Monat bis zu sechs Monaten und mit schwerer Geldstrafe von dreißig bis zu zweihundert Pfund bestraft.

Ist die Tat von Gewalt, Drohung oder Schmähung begleitet, so ist auf Gefängnis von drei Monaten bis zu drei Jahren zu erkennen.

Wer in Veröffentlichungen eine Religion oder ein religiöses Bekenntnis schmäht, wird mit Gefängnis von einem Monat bis zu sechs Monaten bestraft.

**§ 176.** Wer, um eine der vom Staate zugelassenen Religionen zu schmähen, in den Gotteshäusern befindliche Gegenstände zerstört oder beschädigt oder sonstwie beschimpft, oder wer gegen einen Religionsdiener Gewalt anwendet oder ihn beleidigt oder beschimpft, wird mit Gefängnis von drei Monaten bis zu drei Jahren oder mit schwerer Geldstrafe von fünfzig bis zu einhundert Pfund bestraft.

Wird ein Vergehen gegen einen Religionsdiener bei Ausübung seiner Amtesbefugnisse oder in Veranlassung der Ausübung seiner Amtsbefugnisse begangen, so wird die für dieses Vergehen gesetzlich festgesetzte Strafe um ein Sechstel erhöht.

**§ 177.** Wer an den für den Gottesdienst bestimmten Orten Denkmäler oder sonstige Werke dieser Art oder Inschriften auf Gräbern beschädigt oder wer Gräber beschädigt, wird mit Gefängnis von einem Monat bis zu zwei Jahren bestraft. Wer einen dieser Gegenstände beschmutzt, wird mit Gefängnis bis zu zwei Monaten und mit schwerer Geldstrafe von dreißig bis zu einhundert Pfund bestraft.

**§ 178.** Wer an einer Leiche oder an deren Asche beschimpfende Handlungen vornimmt oder in beleidigender Absicht oder zu einem sonstigen unerlaubten Zweck eine Leiche oder deren Asche ganz oder teilweise oder die mit der Leiche zusammen beerdigten Gegenstände stiehlt, wird mit Gefängnis von zwei Monaten bis zu zwei Jahren und mit schwerer Geldstrafe von dreißig bis zu zweihundert Pfund bestraft. Wer, abgesehen von diesen Fällen, eine Leiche ganz oder teilweise stiehlt oder wer ohne behördliche Erlaubnis eine Leiche aus ihrem Grabe nimmt oder Teile ihrer Asche wegnimmt, wird mit Gefängnis von einem Monat bis zu zwei Monaten und mit schwerer Geldstrafe bis zu fünfzig Pfund bestraft.

Wird dieses Vergehen von jemandem begangen, der an dem Kirchhof oder einem sonstigen Begräbnisplatz angestellt ist, oder dem die Leiche oder die Asche anvertraut ist, so tritt im ersten Falle Gefängnis von drei Monaten bis zu drei Jahren und schwere Geldstrafe von fünfzehn bis zu fünfzig Pfund und im zweiten Falle Gefängnis von einem Monat bis zu drei Monaten und schwere Geldstrafe bis zu fünfzig Pfund ein.

## Abschnitt 3.

## Vergehen gegen die persönliche Freiheit.

**§ 179.** Wer einen anderen rechtswidrig der persönlichen Freiheit beraubt, wird mit Gefängnis bis zu fünf Jahren und mit schwerer Geldstrafe bis zu fünfzig Pfund bestraft.

Wendet der Täter, um die Tat zu begehen, oder bei der Tat Drohung oder Mißhandlung oder Arglist an, oder begeht er sie aus Rache, zu einem persönlichen Vorteil oder zu religiösen oder völkischen Zwecken oder um den anderen einer fremden Regierung zum Militärdienst zu übergeben, so beträgt die Strafe Zuchthaus von drei bis zu acht Jahren und schwere Geldstrafe von fünfundzwanzig bis zu einhundertfünfundzwanzig Pfund.

**§ 180.** Wird die im vorhergehenden Paragraphen angegebene Tat gegen Verwandte aufsteigender oder absteigender Linie, gegen den Ehegatten, gegen ein Mitglied der Großen Nationalversammlung, gegen einen Beamten in Veranlassung der Ausübung seines Berufes begangen, oder entsteht durch die Tat ein Schaden an der Person des Verletzten oder an seiner Gesundheit oder seinem Vermögen, so tritt Zuchthaus von fünf bis zu fünfzehn Jahren und schwere Geldstrafe von vierzig bis zu zweihundert Pfund ein.

Wenn der Täter vor Einleitung der strafrechtlichen Verfolgung ohne Erreichung seiner Absicht und ohne daß die der Freiheit beraubte Person einen Schaden erlitten hat, sie aus freien Stücken wieder freiläßt, wird die Strafe um ein Sechstel bis um die Hälfte ermäßigt.

**§ 181.** Der Beamte, der einen anderen unter Mißbrauch seines Amtes oder unter Zuwiderhandlung gegen die gesetzlichen Bestimmungen der Feiheit beraubt, wird mit Gefängnis von einem Jahre bis zu drei Jahren bestraft.

Tritt zu dieser Tat einer der im 2. und 3. Absatz des vorhergehenden Paragraphen angegebenen Tatbestände hinzu, so wird die Strafe um ein Sechstel bis um ein Viertel erhöht. Im Falle des letzten Absatzes des vorhergehenden Paragraphen wird die Strafe um ein Sechstel bis um die Hälfte ermäßigt.

**§ 182.** Wer zu einem anderen Zweck als der Unzucht oder der Ehe ein Kind, das das fünfzehnte Lebensjahr noch nicht vollendet hat, mit seiner Einwilligung den Eltern, dem Vormunde oder der nur vorübergehend mit seiner Obhut betrauten Person entführt, oder wer das Kind mit seiner Zustimmung unbefugt bei sich zurückhält, wird mit Gefängnis bis zu einem Jahre bestraft.

Wird die Tat ohne Einwilligung des entführten oder zurückbehaltenen Kindes vorgenommen, oder hat das Kind das zwölfte Lebensjahr noch nicht vollendet, so kommen je nach den Umständen des Falles die in den vorhergehenden Paragraphen angegebenen Bestimmungen zur Anwendung.

**§ 183.** Der Beamte, der außer in den vom Gesetz vorgeschriebenen Fällen die Durchsuchung eines anderen anordnet oder selbst vornimmt, wird mit Gefängnis bis zu sechs Monaten bestraft.

**§ 184.** Der Leiter eines Gefängnisses oder Arresthauses, der ohne Anordnung und Haftbefehl der zuständigen Behörde einen anderen in das Gefängnis oder das Arresthaus aufnimmt, oder der die Anordnung einer zuständigen Behörde betreffend Haftentlassung eines Verhafteten oder Gefangenen nicht ausführt, wird mit Gefängnis von sechs Monaten bis zu drei Jahren bestraft.

**§ 185.** Der zuständige Beamte, der Kenntnis davon erhalten hat, daß sich ein anderer widerrechtlich in Haft befindet, wird mit Gefängnis von einem Monat bis zu einem Jahre und mit schwerer Geldstrafe bis zu fünfzig Pfund bestraft, wenn er es unterläßt, verweigert oder verzögert, zwecks Freilassung dieses anderen die erforderlichen Schritte einzuleiten, oder der für die Ausführung der Freilassung zuständigen Behörde Kenntnis zu geben.

**§ 186.** Wer mit der Bewachung oder der Beförderung eines Verhafteten oder Verurteilten amtlich beauftragt oder in amtlicher Veranlassung mit einer Gewalt über jenen anderen bekleidet ist, wird mit Gefängnis von einem Monat bis zu zwei Jahren bestraft, wenn er den Gefangenen willkürlich behandelt oder gegen ihn nach den Gesetzen oder Vorschriften nicht gebilligte Gewalt anwendet.

**§ 187.** Hat der Beamte bei Begehung der in den vorhergehenden Paragraphen angegebenen Vergehen aus eigennützigen Gründen gehandelt, so wird die Strafe um ein Sechstel erhöht. Im Falle des § 185 tritt zur schweren Geldstrafe Gefängnis von drei Monaten bis zu drei Jahren.

**§ 188.** Wer gegen einen anderen Gewalt oder Drohung anwendet, um ihn zu zwingen, etwas zu tun, zu dulden oder zu unterlassen, wird mit Gefängnis bis zu einem Jahr und mit schwerer Geldstrafe von dreißig bis zu fünfzig Pfund bestraft.

Hat der Täter seinen Zweck erreicht, dann erhöht sich die Gefängnisstrafe von einem Monat bis zu achtzehn Monaten und die schwere Geldstrafe von zwanzig bis zu einhundert Pfund. Wird die Gewalt oder die Drohung mit Waffen oder in einer Verkleidung oder von mehreren Personen gemeinsam oder mittels eines anonymen Briefes oder mittels besonderer Zeichen oder unter Benutzung gewalttätiger Drohungen seitens bestehender oder erfundener geheimer Vereinigungen begangen, so tritt Gefängnisstrafe von zwei bis zu fünf Jahren ein.

Ist der gewollte Zweck erreicht worden, so tritt Zuchthausstrafe bis zu fünf Jahren und daneben Stellung unter Polizeiaufsicht für die Dauer von fünf Jahren ein.

**§ 189.** Im Sinne des Gesetezes werden unter Waffen, deren Anwendung bei Begehung eines Vergehens als strafverschärfender

Umstand gilt, sofern das Gesetz nichts anderes bestimmt, folgende Waffen verstanden:

1. Stockdegen und ähnliche verborgene Waffen;
2. Schußwaffen im allgemeinen;
3. außerdem noch Messer, Äxte und sonstige Werkzeuge, die zur Ausübung von Gewalt oder zur Drohung getragen werden.

**§ 190.** Ist das Vergehen von mehreren Personen, von denen nur eine bewaffnet war, gemeinsam begangen worden, so gilt es als mit Waffen begangen.

**§ 191.** Wer außer den vom Gesetz vorgesehenen Fällen einem anderen einen schweren und rechtswidrigen Schaden androht, wird mit Gefängnis bis zu sechs Monaten bestraft.

Ist die Bedrohung in einer im 3. Absatz des § 188 angegebenen Weise erfolgt, so beträgt die Strafe Gefängnis von sechs Monaten bis zu zwei Jahren. Daneben kann noch auf Stellung unter Polizeiaufsicht für die Dauer eines Jahres erkannt werden.

Für andere Bedrohungen tritt schwere Geldstrafe von dreißig Pfund ein. Jedoch wird in diesem Fall nur auf Antrag des Verletzten eingeschritten.

**§ 192.** Wer sich Geld oder einen sonstigen Vorteil dadurch verschafft oder dadurch zu verschaffen sucht, daß er einen anderen, wenn auch nur andeutungsweise droht, er werde durch die Presse einen Artikel verbreiten, der die Ehre oder den Ruf des anderen gefährdet, wird mit Gefängnis von sechs Monaten bis zu drei Jahren und mit schwerer Geldstrafe von fünfzig bis zu zweihundert Pfund bestraft.

## Abschnitt 4.

## Vergehen gegen die Unverletzlichkeit der Wohnung.

**§ 193.** Wer gegen den Willen desjenigen, der berechtigt ist, ihn zu entfernen, oder mit Arglist oder heimlich in die Wohnung oder in die Nebenräume der Wohnung eines anderen eindringt, oder wer, nachdem er erlaubterweise eingetreten ist, sich auf die Aufforderung des Berechtigten hin nicht entfernt, wird auf Antrag des Wohnungsinhabers mit Gefängnis von einem Monat bis zu sechs Monaten bestraft.

Ist das Vergehen des Nachts oder mit Gewalt gegen Personen oder mit Waffen oder von mehreren gemeinsam begangen, so tritt Gefängnis von sechs Monaten bis zu drei Jahren ein. Außerdem schreitet der Staatsanwalt von Amts wegen ein.

**§ 194.** Ein Beamter, der in Mißbrauch seiner Amtsbefugnisse oder unter Nichtbeachtung der im Gesetz vorgesehenen Bestimmungen und Vorschriften in die Wohnung oder die Nebenräume eines anderen eindringt, wird mit Gefängnis von drei Monaten bis zu drei Jahren und, wenn das Vergehen mit einer Durchsuchung oder einer sonstigen willkürlichen Handlung verbunden ist, mit Gefängnis von sechs Monaten bis zu drei Jahren bestraft.

Ist die Tat aus eigennützigen Gründen begangen worden, so wird die Strafe um ein Sechstel bis um ein Drittel erhöht.

Werden private Geschäftsräume oder Büros und dergleichen private Räume ungesetzlich durchsucht, so wird der Täter mit Gefängnis von zwei Monaten bis zu zwei Jahren bestraft.

Abschnitt 5.

## Vergehen gegen die Unverletzlichkeit von Geheimnissen.

**§ 195.** Wer vorsätzlich an ihn nicht gerichtete Briefe, Telegramme oder verschlossene Sendungen öffnet oder sich widerrechtlich in den Besitz von unverschlossenen brieflichen und telegraphischen Mitteilungen an einen anderen setzt, um den Inhalt kennen zu lernen, wird mit schwerer Geldstrafe von dreißig bis zu einhundert Pfund bestraft.

Wenn der Täter den Inhalt dieser Schriftstücke verbreitet und das Telegraphen-, drahtlose Telegraphen- und Telephon-Geheimnis verletzt, wird er, wenn ein Schaden entstanden ist, mit Gefängnis von einem Monat bis zu drei Jahren bestraft.

**§ 196.** Wer eine an ihn nicht gerichtete mit der Briefpost oder mit dem Telegraphen übersandte Mitteilung unterdrückt, wird, auch wenn er die Mitteilung, falls sie verschlossen war, nicht geöffnet hat, mit Gefängnis bis zu einem Jahr und mit schwerer Geldstrafe von dreißig bis zu einhundert Pfund bestraft.

Ist durch die Tat ein Schaden verursacht worden, so beträgt die Gefängnisstrafe nicht unter drei Monaten und die schwere Geldstrafe nicht unter fünfzig Pfund.

**§ 197.** Wer eine an ihn gerichtete briefliche oder telegraphische Mitteilung gegen den Willen des Absenders veröffentlicht und verbreitet, wird, wenn daraus ein Schaden entstanden ist, mit schwerer Geldstrafe von dreißig bis zu einhundert Pfund bestraft.

**§ 198.** Wer in Veranlassung seiner amtlichen Stellung oder seines Berufes oder Gewerbes von einem Geheimnis Kenntnis hat, dessen Verbreitung einen Schaden verursachen könnte, wird, wenn er es unbefugt verbreitet, mit Gefängnis bis zu drei Monaten und mit schwerer Geldstrafe bis zu fünfzig Pfund bestraft. Ist ein Schaden entstanden, so beträgt die schwere Geldstrafe nicht unter fünfzig Pfund.

**§ 199.** Die Verfolgung der in den vorhergehenden Paragraphen angeführten Vergehen hängt von dem Antrag des Berechtigten ab.

**§ 200.** Ein Post- oder Telegraphenbeamter, der unter Mißbrauch seiner Amtsbefugnisse einen Brief, ein Paket, ein Telegramm oder offene Postkarten entwendet oder geschlossene Sendungen öffnet oder das Telephon- oder Telegraphen-Geheimnis verletzt, wird mit Gefängnis von drei Monaten bis zu drei Jahren bestraft.

Der gleichen Strafe unterliegt der im Telegraphen-, Post- und Telephondienst Angestellte, der unter Mißbrauch seiner Amtsbefugnisse ein Schriftstück, das eine Mitteilung enthält, unterdrückt. Ist durch eine der in diesem Paragraphen angegebenen Handlungen ein Schaden verursacht worden, so tritt Gefängnisstrafe von sechs Monaten bis zu vier Jahren und Untersagung der Bekleidung öffentlicher Ämter bis zu drei Jahren ein.

Abschnitt 6.

### Vergehen gegen die Freiheit der Arbeit.

**§ 201.** Wer mit Gewalt oder durch Drohung oder auf andere Weise die Freiheit in der Industrie und im Handel behindert, wird mit Gefängnis von einem Monat bis zu zwei Jahren und mit schwerer Geldstrafe von dreißig bis zu einhundertfünfzig Pfund bestraft.

Dritter Teil.

## Vergehen gegen die öffentliche Verwaltung.

Abschnitt 1.

### Unterschlagung im Amte.

**§ 202.** Der Beamte, der ihm anvertraute oder in Veranlassung seines Berufes in seiner Verwahrung befindliche Gelder, Wertpapiere und sonstige Vermögensgegenstände unterschlägt oder für sich verwendet, wird mit Gefängnis von drei Monaten bis zu drei Jahren bestraft und muß den entstandenen Schaden ersetzen.

Macht der Täter den Schaden vor Einleitung einer Gerichtsverhandlung wieder gut, so wird die Strafe um die Hälfte ermäßigt; wird der Schaden vor Erlaß des Urteils wieder gutgemacht, dann wird die Strafe um ein Drittel ermäßigt.

Außerdem ist auf Untersagung der Bekleidung öffentlicher Ämter für die Zeit von sechs Monaten bis zu drei Jahren zu erkennen.

**§ 203.** Die Strafe ist Zuchthaus nicht unter fünf Jahren, wenn der Täter bei Begehung der in dem vorhergehenden Pargaraphen angegebenen Tat die Buchführung über Einnahmen und Ausgaben oder die seiner Kontrolle unterstehenden Eintragungen, Register und Abrechnungen absichtlich unordentlich geführt oder verändert und verfälscht oder vernichtet hat, oder wenn er unrichtige Abrechnungen, andere Schriftstücke, Register und Belege vorgezeigt hat, oder wenn er den Inhalt von Geldsäcken oder Geldpaketen der Wahrheit zuwider angegeben oder auf sonstige Weise zur Täuschung der zuständigen Behörde oder zur Verdeckung des begangenen Vergehens arglistig vorgegangen ist. Der Täter hat den entstandenen Schaden außerdem zu ersetzen und daneben ist noch auf schwere Geldstrafe in der gleichen

Höhe der entwendeten Summe zu erkennen. Macht der Täter den Schaden vor Einleitung einer Gerichtsverhandlung wieder gut, dann wird die Strafe um die Hälfte ermäßigt.

Außerdem ist auf Untersagung der Bekleidung öffentlicher Ämter für die Dauer von drei bis zu zehn Jahren zu erkennen.

**§ 204.** Wer mit der Aufsicht oder der Kontrolle über Vermögensgegenstände der Regierung beauftragt ist und infolge Fahrlässigkeit bei Ausübung seiner Amtsbefugnisse die Entstehung von Verbindlichkeiten oder die Vermehrung bestehender Verbindlichkeiten verursacht, wird mit schwerer Geldstrafe von dreißig bis zu einhundert Pfund bestraft. Daneben ist er für den Ersatz des entstandenen Schadens verantwortlich.

**§ 205.** Wer amtlich beauftragt ist, für Rechnung der Türkischen Regierung Sachen zu kaufen, zu verkaufen oder anzufertigen und bei dem Kauf, bei dem Verkauf, bei der Anfertigung, am Preise oder an der Menge einen Betrug verübt, wird mit zeitigem Zuchthaus nicht unter fünf Jahren und mit dem Verlust der Amtsfähigkeit für die Dauer von drei bis zu zehn Jahren bestraft.

**§ 206.** Der Beamte, der den von ihm amtlich beschäftigten Arbeitern den Arbeitslohn, die Beförderungskosten oder den Gegenwert von Sachen nicht oder nicht vollständig auszahlt, oder der die Arbeiter in Frondienst umsonst beschäftigt, wird mit zeitigem Zuchthaus bestraft; außerdem hat er den doppelten Betrag des erzielten Gewinnes zu entrichten, und zwar gilt die eine Hälfte als Gegenwert für die Löhne und die andere Hälfte wird als schwere Geldstrafe eingezogen.

**§ 207.** Der Amtsleiter, der weniger als die für seinen Amtsbezirk vorgesehenen Beamten beschäftigt, jedoch Gehälter und Löhne für die volle Zahl in Empfang nimmt, oder der die vorhandenen Beamten ihrem amtlichen Dienst entzieht und sie für seine persönlichen Zwecke verwendet, oder der in seinem persönlichen Dienst befindliche Personen als amtlich beschäftigt ausweist und für sie Gehälter in Empfang nimmt, wird mit zeitigem Zuchthaus bestraft; den erzielten Gewinn hat er zu erstatten und außerdem wird der gleiche Betrag als schwere Geldstrafe erhoben.

**§ 208.** Der Staatsbeamte, der in Ausübung seiner amtlichen Obliegenheiten für den Staat Sachen oder Bedürfnisse von geringer oder erheblicher Menge verkauft oder kauft und dabei heimlich oder offen unmittelbar für sich oder durch Vermittlung eines anderen oder als Teilhaber eines anderen ein gewinnbringendes Geschäft macht, oder der bei Vergebung von Arbeiten und Bauten gegen einen Pauschalbetrag Teilhaber des Unternehmers wird, wird mit Verweisung bis zu zwei Jahren und mit Verlust der Amtsfähigkeit für die Dauer von sechs Monaten bis zu zwei Jahren bestraft.

Wer bei derartigen Geschäften eine Kommission nimmt oder bei der Umwechselung von Geldern für sich einen Gewinn macht, wird mit Gefängnis von einem Jahr bis zu zwei Jahren oder mit Verweisung von zwei Jahren bis zu drei Jahren bestraft. In jedem Falle tritt außerdem noch Verlust der Amtsfähigkeit für die Dauer von einem Jahr bis zu drei Jahren ein.

Abschnitt 2.

## Amtsuntreue.

**§ 209.** Der Beamte, der unter Mißbrauch seines Amtes jemanden zwingt, ihm oder einem anderen rechtswidrig Geld zu geben oder einen anderen Vorteil zuzusichern oder zu versprechen, wird mit Gefängnis von drei Jahren bis zu fünf Jahren und mit dem Verlust der Amtsfähigkeit für die gleiche Dauer bestraft.

Ist der rechtswidrig gegebene oder versprochene Geldbetrag oder der Vorteil von geringer Höhe, so wird die Strafe und die Dauer der Amtsunfähigkeit um die Hälfte ermäßigt.

**§ 210.** Der Beamte, der unter Mißbrauch seiner Amtsgewalt einen andern verleitet, ihm oder einem anderen rechtswidrig Geld zu geben oder einen anderen Vorteil zu gewähren oder zu versprechen, wird mit Gefängnis von einem Jahre bis zu drei Jahren und mit zeitiger Amtsunfähigkeit bestraft. Wer sich den Irrtum eines anderen zunutze macht, um etwas, was gesetzlich nicht geschuldet ist, in Empfang zu nehmen, wird mit Gefängnis von sechs Monaten bis zu drei Jahren bestraft

Ist der rechtswidrig versprochene, gegebene oder gewährte Geldbetrag oder Vorteil von geringer Höhe, dann wird die Gefängnisstrafe und die Dauer der Amtsunfähigkeit auf die Hälfte ermäßigt.

Abschnitt 3.

## Bestechung.

**§ 211.** Bestechung liegt vor, wenn Personen, die, sei es entgeltlich oder unentgeltlich, dauernd oder zeitig, im Wege der Ernennung oder der Wahl, vereidigt oder nicht vereidigt, beauftragt sind, für die Regierung, für Landgemeinden, Dorfgemeinden oder städtische Gemeinden Obliegenheiten zu erfüllen, oder die beauftragt sind, Angelegenheiten von Behörden und Anstalten wahrzunehmen, die unmittelbar der Aufsicht der Regierung unterstehen, oder wenn aus den Reihen der Privatpersonen genommene Personen, die, wie Schiedsrichter, Sachverständige, Prüfer, Dolmetscher, Konkursverwalter, Schätzer, Liquidatoren, eine amtliche Obliegenheit ausüben, oder wenn Gerichtsschreiber, Rechtsanwälte oder Prozeßvertreter für die Vornahme von Handlungen, zu deren Ausführung sie gesetzlich und vorschriftsmäßig verpflichtet sind, für sich oder für einen anderen Geld oder sonstige Sachen als Geschenk entgegennehmen oder sich einen sonstigen Vorteil gewähren lassen. Ebenso gilt es als Bestechung, wenn diese Personen in der angegebenen Absicht bewegliche oder unbewegliche Sachen zu einem geringeren oder höheren Preise kaufen, verkaufen oder versteigern, und wenn zwischen dem wirklichen Werte und dem Betrag, zu dem der Kauf oder Verkauf erfolgt ist, ein übermäßiger Unterschied besteht.

**§ 212.** Wer eine Bestechung oder das Versprechen oder die Verpflichtung einer Bestechung annimmt, um eine Handlung auszuführen, zu deren Ausführung er gesetzlich verpflichtet ist, oder um eine Handlung zu unterlassen, zu deren Unterlassung er gesetzlich verpflichtet ist, wird mit Gefängnis von zwei Monaten bis zu zwei Jahren bestraft.

Ist infolge der Bestechung der Abschluß von Verträgen erfolgt, an denen die Behörde des Beamten beteiligt ist, oder sind infolge der Bestechung Ämter, Gehälter, Orden oder sonstige Würden verliehen worden, oder ist eine gesetzwidrige Handlung erfolgt, dann tritt Gefängnisstrafe von sechs Monaten bis zu zwei Jahren ein.

**§ 213.** Wer eine Bestechung oder das Versprechen oder die Verpflichtung einer Bestechung annimmt, um eine Handlung zu unterlassen, zu deren Ausführung er gesetzlich verpflichtet ist, oder eine Handlung auszuführen, zu deren Unterlassung er gesetzlich verpflichtet ist, wird mit Gefängnis von einem Jahr bis zu drei Jahren bestraft.

Ist infolge der Handlung des Bestochenen ein Amt, ein Gehalt, ein Orden oder eine sonstige Würde verliehen worden oder eine gesetzwidrige Handlung erfolgt oder ein Schaden entstanden, dann ist die Gefängnisstrafe nicht unter zwei Jahren.

**§ 214.** Richter, Untersuchungsrichter, Staatsanwälte und deren Gehilfen, die für eine an sich rechtmäßige und erlaubte Handlung eine Bestechung annehmen, werden, selbst wenn sie der Ansicht waren, daß sie das Gesetz und ihre Amtsbefugnisse nicht verletzten, mit Gefängnis von einem Jahre bis zu drei Jahren bestraft. Ist die Annahme der Bestechung zur Ausführung einer gesetzwidrigen Handlung erfolgt, so beträgt die Strafe nicht unter zwei Jahren.

**§ 215.** Staatsanwälte und deren Gehilfen, Untersuchungsrichter und Richter, die infolge einer Bestechung die Einstellung des Gerichtsverfahrens oder den Freispruch beantragen oder beschließen, werden mit zeitigem Zuchthaus bestraft.

**§ 216.** Richter, die, um sich oder einem anderen einen Vorteil zu verschaffen, oder die aus Haß, Feindschaft, Rachsucht oder zur Befriedigung von Begehrlichkeiten einen Unschuldigen vorsätzlich, und sei es auch mit einem noch durch die Rechtsmittel des Einspruchs, der Berufung und der Revision anfechtbaren Urteil, zu einer unverdienten Strafe verurteilen, oder die in dieser Absicht die Art der dem Beschuldigten zur Last gelegten Straftat ändern, oder die Strafe absichtlich irrtümlich zumessen, oder die gesetzliche Lage oder die Strafe des Beschuldigten verschärfen, sowie Staatsanwälte, die durch ähnliche Anträge das Urteil des Gerichts beeinflussen, werden mit Zuchthaus nicht unter fünf Jahren bestraft.

**§ 217.** Lautet das auf diese Weise von dem Richter gefällte Urteil auf Zuchthaus oder Gefängnis von mehr als fünf Jahren, oder lautet das Urteil auf eine Freiheitsstrafe von weniger als fünf Jahren, ist es jedoch mit keinem Rechtsmittel mehr, weder mit Einspruch, noch mit Berufung, noch mit Revision anfechtbar, dann tritt Zuchthausstrafe nicht unter sieben Jahren ein. Ist ein auf Todesstrafe lautendes Urteil vollstreckt worden, dann wird der Richter ebenfalls mit dem Tode bestraft.

Ist die verhängte Todesstrafe aus irgendeinem Grunde nicht ausgeführt worden oder im Wege der Begnadigung erlassen worden, dann wird der Richter mit Zuchthaus oder Gefängnis nicht unter fünfzehn Jahren bestraft. In den übrigen Fällen wird die Strafe um ein Viertel ermäßigt.

**§ 218.** Ist die Bestechung erfolgt, um ein Vergehen zu begehen, oder ist durch die Bestechung ein anderes Vergehen begangen worden, so finden die Bestimmungen über das Zusammentreffen von Vergehen Anwendung.

**§ 219.** Personen, die in einem Gericht, in einer Justizbehörde oder in einer sonstigen Behörde mit einem Amt bekleidet sind, oder die von den beiden Parteien als Schiedsrichter ernannt sind, oder Rechtsanwälte und Prozeßvertreter sowie Gerichtsschreiber und schließlich die in dem § 205 angegebenen Personen, die infolge einer Bestechung auf den Erlaß eines rechtskräftigen Urteils eingewirkt haben, werden wegen Bestechung ebenso wie Richter bestraft.

Hat die Bestechung das Urteil nicht beeinflußt, so werden die Strafen um ein Drittel ermäßigt.

**§ 220.** Wer eine der obengenannten Personen besticht, damit sie eine Handlung vornimmt, deren Unterlassung gesetzlich vorgeschrieben ist, oder damit sie eine Handlung unterläßt, deren Ausführung gesetzlich vorgeschrieben ist, oder wer zu diesem Zweck eine Bestechung verspricht oder anbietet, wird nach der Schwere der Straftat und je nachdem er seine Forderung ganz oder teilweise erreicht hat, mit Gefängnis von drei Monaten bis zu einem Jahre bestraft.

**§ 221.** Wer Richter, Untersuchungsrichter, Staatsanwälte, deren Gehilfen oder Personen, die von einem Gericht oder von einer Behörde einen bestimmten Auftrag erhalten haben, oder Personen, die von den beiden Parteien als Schiedsrichter bestellt sind, oder Gerichtsschreiber, Rechtsanwälte oder Prozeßvertreter besticht, wird je nach der Straftat mit Gefängnis von sechs Monaten bis zu zwei Jahren bestraft.

Ist infolge der Bestechung, und sei es auch mit einem durch die Rechtsmittel des Einspruchs, der Berufung oder der Revision anfechtbaren Urteil, die Einstellung des Gerichtsverfahrens, oder der Freispruch, oder die Verurteilung eines Unschuldigen, oder die Begehung eines sonstigen Vergehns erfolgt, so erhält der Bestecher die Hälfte bis zu zwei Drittel der Strafe des Bestochenen.

**§ 222.** Wer für die Vornahme einer gesetzlich erlaubten und zulässigen Handlung eine Bestechung gibt oder einen sonstigen Vorteil gewährt, wird mit einer schweren Geldstrafe in Höhe der Bestechungssumme oder des Gegenwerts des gewährten Vorteils bestraft.

**§ 223.** Wenn jemand, der versucht hat, einen Beamten oder einen Richter zur Durchsetzung einer rechtswidrigen Forderung zu bestechen, vor oder nach Annahme seines Angebots infolge der Weigerung des Beamten oder des Richters oder infolge freiwilligen Verzichts die Tat nicht hat ausführen können, so werden die in den vorhergehenden Paragraphen festgesetzten Strafen um die Hälfte bis um zwei Drittel ermäßigt.

**§ 224.** Straffrei bleibt, wer, nachdem ihm eine Bestechung angeboten worden ist, spätestens innerhalb eines Monats vor oder nach Annahme der Bestechung, und bevor die Angelegenheit zur Kenntnis eines anderen gelangt ist, und bevor er die Angelegenheit, und sei es es auch nur teilweise, gefördert hat, der zuständigen Behörde Anzeige erstattet und das empfangene Geld oder das sonstige Erlangte zurückgibt. Gleichfalls straffrei bleibt der Bestecher, der von seiner rechtswidrigen Forderung vor ihrer Durchsetzung zurücktritt und der zuständigen Behörde Anzeige erstattet. Was er an Geld oder sonstigen Sachen gegeben hat, wird dem Bestochenen entzogen und ihm wieder zurückgegeben.

**§ 225.** Der Bestochene erhält neben der Hauptstrafe für die begangene oder versuchte Pflichtverletzung eine schwere Geldstrafe in Höhe des Betrages der von ihm erhaltenen Geldsumme oder des ihm gewährten Vorteils. Dazu tritt noch dauernde oder zeitige Amtsunfähigkeit.

Gegen denjenigen, der zur Vornahme einer rechtswidrigen Handlung eine Bestechung gegeben hat, wird, abgesehen von den ihn betreffenden Strafen, noch auf Einziehung der gegebenen Bestechung erkannt.

**§ 226.** Der Vermittler einer Bestechung gilt als Gehilfe des Bestechers, wenn er in dessen Auftrage, und als Gehilfe des Bestochenen, wenn er im Auftrage des Bestochenen tätig gewesen ist.

**§ 227.** Wer sich unter dem Vorwand, eine Handlung vornehmen oder unterlassen zu können, die nicht zu seinen Amtsbefugnissen gehört, obwohl er nicht dazu imstande ist, einen Vorteil gewähren läßt, wird mit Gefängnis nicht unter sechs Monaten und mit schwerer Geldstrafe von fünfzig bis zu einhundertfünfzig Pfund bestraft.

## Abschnitt 4.

## Mißbrauch der Amtsgewalt und Verletzung der Amtspflichten.

**§ 228.** Der Staatsbeamte, der unter Mißbrauch seiner Amtsgewalt eine vom Gesetz nicht vorgesehene willkürliche Handlung gegen einen anderen vornimmt oder anordnet oder anordnen läßt, wird mit Gefängnis von einem Monat bis zu einem Jahre bestraft. Lag eine eigennützige Absicht vor, dann wird die Strafe um ein Drittel erhöht.

Wer durch unnötige Härte bei Ausübung seiner Amtsbefugnisse einen anderen zum Widerstand gegen die Gesetze oder die Anordnungen der Regierung veranlaßt, wird gleichfalls nach den obigen Bestimmungen bestraft.

**§ 229.** Der Beamte, der Urkunden, Beschlüsse, Anordnungen oder sonstige Mitteilungen, die ihm amtlich anvertraut sind, oder von denen er amtlich Kenntnis erlangt hat, einem anderen verrät, veröffentlicht oder verbreitet, oder der die Kenntnis hiervon erleichtert, wird mit Gefängnis von sechs Monaten bis zu zwei Jahren bestraft.

Der Beamte, der Beschlüsse, deren Veröffentlichung und Verbreitung von der Behörde angeordnet ist, ohne stichhaltigen Grund zurückhält, wird mit der gleichen Strafe bestraft.

**§ 230.** Der Beamte, der sich bei Ausführung seiner Amtspflichten fahrlässig zeigt, oder der einen von seinem Vorgesetzten gesetzmäßig gegebenen Befehl ohne stichhaltigen Grund nicht ausführt, wird mit schwerer Geldstrafe von dreißig bis zu einhundert Pfund bestraft.

Ist infolge der Fahrlässigkeit oder infolge der Nichtausführung des von einem Vorgesetzten gegebenen gesetzmäßigen Befehls ein Schaden für die Regierung entstanden, so tritt, je nach der Schwere der Straftat, Gefängnis von einem Monat bis zu drei Jahren, sowie dauernde oder zeitige Amtsunfähigkeit ein.

Ist in beiden Fällen infolge der Fahrlässigkeit des Beamten oder infolge der Nichtausführung des Befehls ein Schaden für einen anderen entstanden, so ist dieser Schaden zu ersetzen.

**§ 231.** Hat sich ein Richter die im vorhergehenden Paragraphen angegebene Fahrlässigkeit oder Nichtausführung eines Befehls zuschulden kommen lassen, so gilt das Vergehen der Fahrlässigkeit oder der Nichtausführung des Befehls als begangen, wenn die Voraussetzungen für die Erhebung der Regreßklage gegen richterliche Beamte vorliegen.

**§ 232.** Wer, um eine der Parteien eines schwebenden Prozesses zu begünstigen oder zu benachteiligen, den Richtern Befehle erteilt oder auf sie einen Einfluß ausübt oder mit Bitten auf sie einwirkt, wird im ersten und zweiten Fall mit Gefängnis nicht unter zwei Jahren und im dritten Fall mit Gefängnis nicht unter sechs Monaten bestraft.

Ist infolge der Einwirkung ein rechtswidriges Urteil erlassen worden, so wird die Strafe um ein Drittel erhöht.

**§ 233.** Der Richter, der infolge der im vorhergehenden Paragraphen angegebenen Anordnung oder Einwirkung ein Urteil erläßt, wird je nach der Art des Urteils und nach der Einwirkung auf die Rechte des Verurteilten mit Gefängnis von zwei bis zu fünf Jahren und mit dauernder Entfernung aus dem richterlichen Amte bestraft.

**§ 234.** Soldaten, Offiziere oder Beamte der öffentlichen Gewalten sowie Polizeibeamte, die von den zuständigen Behörden ihnen gesetzmäßig erteilte Anordnungen gesetzwidrig nicht ausführen oder die Ausführung verzögern, werden mit Gefängnis bis zu zwei Jahren bestraft.

**§ 235.** Polizeibeamte oder sonstige Beamte, die bei Ausführung ihres Dienstes von einem Vergehen Kenntnis erhalten, dessen Verfolgung sie mit Rücksicht auf ihre dienstlichen Obliegenheiten von Amts wegen aufnehmen müssen, werden, falls sie die zuständige Behörde nicht oder nicht rechtzeitig verständigen, mit schwerer Geldstrafe bis zu fünfzig Pfund und mit Amtsunfähigkeit für die Dauer eines Jahres bestraft.

**§ 236.** Wenn drei oder mehr Staatsbeamte nach vorheriger Abrede unbefugt ihr Amt niederlegen, so wird jeder mit schwerer Geldstrafe von dreißig bis zu einhundertfünfzig Pfund und mit zeitiger Amtsunfähigkeit bestraft.

Hat dieses Vorgehen einen Schaden für die Regierung zur Folge, so wird jeder, je nach der Höhe des Schadens, mit Gefängnis von drei Monaten bis zu fünf Jahren bestraft.

**§ 237.** Bürgermeister oder deren Stellvertreter, die die Eheschließung von Personen beurkunden, von denen sie wissen, daß die Ehe zwischen ihnen gesetzlich verboten ist, werden mit Gefängnis von drei Monaten bis zu zwei Jahren bestraft. Die gleiche Strafe trifft Eltern und Vormünder, welche die Eheschließung veranlassen.

Der Beamte, der, außerhalb der vom Gesetz vorgesehenen Fälle, ohne Erfüllung der gesetzlichen Förmlichkeiten eine Heiratsurkunde ausstellt, wird mit Gefängnis von einem Monat bis zu drei Monaten bestraft.

Der Imam oder ein sonstiger Religionsdiener, der ohne Vorlage der Urkunde über die gesetzlich vollzogene Eheschließung die religiöse Eheschließung vornimmt, wird mit der gleichen Strafe bestraft.

**§ 238.** Richter und Beamte, die innerhalb ihres Amtsbezirkes durch Kauf oder Verkauf von Gegenständen des täglichen Bedarfs, wie Getreide, Lebensmittel und sonstige Bedürfnisse, Handel treiben, werden mit schwerer Geldstrafe von nicht unter einhundert Pfund und mit dauerndem Verlust der Amtsunfähigkeit bestraft.

**§ 239.** Beamte, die im Frieden ihre Pflichten in bezug auf die Mobilmachung versäumen oder vernachlässigen, erhalten eine Erhöhung der Strafe um ein Drittel.

**§ 240.** Der Beamte, der in anderen als den vom Gesetz angegebenen Fällen, sein Amt in irgendeiner Weise mißbraucht, wird je nach der Schwere der Tat mit Gefängnis von drei Monaten bis zu drei Jahren bestraft. Sind mildernde Umstände vorhanden, so tritt Gefängnisstrafe nicht unter einem Monat ein; daneben ist auf schwere Geldstrafe von dreißig bis zu einhundert Pfund zu erkennen. In jedem

Falle ist der Beamte noch zu dauerndem oder zeitigem Verlust seiner Amtsfähigkeit zu verurteilen.

Abschnitt 5.

## Vergehen, die von einem Imam, einem Moscheeprediger, einem Gottesdiener oder Geistlichen begangen werden.

**§ 241.** Religionsdiener, wie Imame, Moscheeprediger, Prediger, Priester, Rabbiner, die bei Ausübung ihres Amtes öffentlich die Regierung, die Staatsgesetze oder die Handlungen der Obrigkeit schmähen oder verächtlich machen, werden mit Gefängnis von einem Monat bis zu einem Jahr und mit schwerer Geldstrafe bis zu einhundertfünfzig Pfund oder mit einer dieser Strafen bestraft.

**§ 242.** Die im vorhergehenden Paragraphen genannten Religionsdiener, die in ihrer amtlichen Eigenschaft zur Verachtung der Verwaltung, der Gesetze, Verordnungen und Anordnungen oder der behördlichen Befugnisse oder zum Ungehorsam gegen die Gesetze, gegen die Anordnungen der Regierung oder zur Nichtbefolgung der mit einem Amt verbundenen Pflichten auffordern, werden mit Gefängnis von drei Monaten bis zu zwei Jahren und mit schwerer Geldstrafe bis zu zweihundert Pfund sowie mit der dauernden oder zeitigen Untersagung der Ausübung ihres Amtes nebst Entziehung ihrer aus dem Amt stammenden Einkünfte bestraft. Ist die Tat öffentlich begangen, so tritt Gefängnisstrafe bis zu drei Jahren ein.

Der Religionsdiener, der unter Benutzung seiner geistlichen Stellung einen anderen zwingt oder verleitet, sich durch Wort und Tat gegen die Gesetze oder gegen die gesetzlich erworbenen Rechte zu vergehen, wird gleichfalls nach den Bestimmungen des obigen Absatzes bestraft.

Der Religionsdiener, der, und zwar gleichfalls in seiner geistlichen Eigenschaft, ein anderes als das in dem vorhergehenden Paragraphen angeführte Vergehen begeht, erhält die für dieses Vergehen gesetzlich festgesetzte Strafe unter Erhöhung um ein Sechstel.

Die Erhöhung tritt jedoch nicht ein, wenn die geistliche Eigenschaft schon vom Gericht berücksichtigt worden ist.

Abschnitt 6.

## Mißhandlung von Personen durch Staatsbeamte.

**§ 243.** Vorsitzende und Mitglieder von Gerichten und amtlichen Körperschaften sowie sonstige Staatsbeamte, die einen Beschuldigten foltern, um ihn zum Geständnis zu veranlassen, werden mit Zuchthaus bis zu fünf Jahren und mit dauerndem oder zeitigem Verlust der Amtsfähigkeit bestraft.

Die Strafbarkeit wird nicht dadurch ausgeschlossen, daß die Beamten auf Befehl oder auf Aufforderung ihres Vorgesetzten gehandelt haben.

Wer den Befehl erteilt hat, gilt als Mittäter.

Ist der Gefolterte verletzt worden, dann wird der Täter nach § 452 bestraft. Hat die Folterung den Verlust eines Gliedes oder seine Gebrauchsunfähigkeit oder einen sonstigen dauernden körperlichen oder geistigen Schaden zur Folge, dann wird der Täter nach § 456 bestraft.

**§ 244.** Richter, die, um jemanden zu begünstigen oder zu benachteiligen ein gesetzwidriges Urteil erlassen, werden mit Gefängnis von drei Monaten bis zu drei Jahren und mit zeitiger Amtsunfähigkeit bestraft.

**§ 245.** Vollstreckungsbeamte und allgemein Polizeibeamte sowie sonstige Vollziehungsbeamte, die bei Ausübung ihres Dienstes oder bei Ausführung eines Befehls eines Vorgesetzten einen anderen rechtswidrig behandeln oder mißhandeln, oder schlagen, oder verletzen, werden mit Gefängnis von einem Monat bis zu drei Jahren und mit zeitigem Verlust der Amtsfähigkeit bestraft. Ist dabei eine strafbare Handlung schwererer Art begangen, so wird die für das schwerere Vergehen festgesetzte Strafe um ein Drittel erhöht.

**§ 246.** Der Staatsbeamte, der fremdes Eigentum gewaltsam kauft oder unter rechtswidrigem Vorwand unrechtmäßig beschlagnahmt oder verkauft, oder, obwohl der öffentliche Nutzen nicht erwiesen ist, und obwohl die gesetzlich vorgeschriebene Vorauszahlung nicht erfolgt ist, enteignet, hat dem Eigentümer das Eigentum zurückzugeben oder ihm, falls es nicht mehr vorhanden ist, den Wert in bar zu ersetzen; außerdem wird der Beamte je nach der Schwere der Straftat mit Gefängnis von drei Monaten bis zu zwei Jahren und mit zeitiger Amtsunfähigkeit bestraft.

**§ 247.** Staatsbeamte, Steuerpächter oder deren Angestellte, die von Steuern, Abgaben oder sonstigen Gefällen einen höheren als den gesetzlich vorgeschriebenen Betrag eintreiben, werden, und zwar die Beamten und die Steuerpächter, mit Gefängnis von sechs Monaten bis zu drei Jahren, und die Angestellten der Steuerpächter mit Gefängnis bis zu sechs Monaten bestraft. Der eingetriebene Mehrbetrag ist zurückzuerstatten, außerdem ist der gleiche Betrag als schwere Geldstrafe zu entrichten.

**§ 248.** Der Beamte, der neben einer gesetzlich verhängten Geldstrafe einen weiteren Betrag oder sonstige Gegenstände als Geldstrafe eintreibt, oder der sich über den Betrag der Geldstrafe, mit deren Eintreibung er beauftragt ist, einen weiteren Betrag auszahlen läßt, hat den erhobenen Mehrbetrag dem Eigentümer zurückzuerstatten und den gleichen Betrag als schwere Geldstrafe zu entrichten; daneben wird er mit Gefängnis von sechs Monaten bis zu drei Jahren bestraft.

**§ 249.** Staatsbeamte oder sonstige Personen, die jemanden zu anderen als den vom Gesetz vorgeschriebenen und dem öffentlichen Nutzen dienenden Dienstleistungen als unentgeltlichen Fronarbeiter heranziehen, haben der herangezogenen Person für den unentgeltlich geleisteten Dienst den ortsüblichen Lohn zu entrichten, außerdem werden sie je nach der Schwere der Tat mit Verweisung von sechs Monaten bis zu drei Jahren bestraft. Handelt es sich um einen Beamten, so tritt noch zeitiger Verlust der Amtsfähigkeit ein.

**§ 250.** Zustellungs- und Vollstreckungsbeamte, Soldaten, Gendarmen, Offiziere und im allgemeinen Beamte, die sich unbefugt in Häuser einquartieren und sich unentgeltlich beköstigen lassen, haben dem Eigentümer den Preis zu erstatten und werden außerdem mit Gefängnis bis zu einem Monat bestraft. Haben geschlossene Abteilungen von Soldaten oder Gendarmen derartige Taten begangen, so haben die Offiziere den Eigentümern den Wert zu erstatten; außerdem werden die Offiziere mit Gefängnis von sechs Monaten bis zu drei Jahren bestraft. Ist die Tat mit Gewalt oder durch Drohung begangen, so wird die Strafe um ein Drittel erhöht.

**§ 251.** Begeht ein Beamter bei Ausübung seines Dienstes gegen einen anderen ein Vergehen, so wird, sofern das Gesetz nichts anderes vorschreibt, die für dieses Vergehen festgesetzte Strafe um ein Drittel erhöht.

## Abschnitt 7.

### Anmaßung eines Amtes, eines Titels oder einer Würde.

**§ 252.** Wer unbefugt ein bürgerliches oder militärisches Amt ausübt oder auszuüben versucht, wird mit Gefängnis von drei Monaten bis zu zwei Jahren bestraft.

Die gleiche Strafe trifft den Beamten, der sein Amt weiter ausübt, obwohl er eine amtliche Anordnung über seine Entlassung oder seine Suspendierung vom Amte erhalten hat; daneben tritt Amtsunfähigkeit für die Dauer von drei Monaten bis zu zwei Jahren ein.

Das Gericht kann auf Kosten des Verurteilten die Veröffentlichung eines Auszuges aus dem Urteil in der am Tatort oder am Wohnort des Verurteilten erscheinenden Provinzzeitung anordnen.

**§ 253.** Wer unbefugt in der Öffentlichkeit die für ein Amt, für eine dienstliche Stellung oder für eine Würde vorgeschriebene Amtskleidung trägt, oder wer ihm nicht verliehene Orden und Ehrenzeichen anlegt, wird mit Gefängnis bis zu einem Jahr und mit schwerer Geldstrafe bis zu zweihundertfünfzig Pfund bestraft; wer amtlich Handlungen ausführt, die sich auf das Amt beziehen, dessen Abzeichen er unbefugt trägt, wird mit Gefängnis nicht unter drei Monaten bestraft.

## Abschnitt 8.

### Widerstand gegen die Staatsgewalt und Auflehnung gegen die Gesetze.

**§ 254.** Wer gegen ein Mitglied einer amtlichen Körperschaft oder gegen einen Staatsbeamten Gewalt oder Drohung anwendet, um ihn an der Ausübung einer Amtshandlung zu verhindern, wird mit

Zuchthaus von einem Jahr bis zu drei Jahren und, wenn die Tat von mehr als zwei Personen begangen ist, mit Zuchthaus von zwei bis zu fünf Jahren bestraft.

**§ 255.** Wer Gewalt oder Drohung anwendet, um eine gerichtliche, politische oder administrative Körperschaft an der Versammlung oder an der Ausübung ihrer Amtsbefugnisse zu hindern oder zu stören, oder um auf die Beratungen dieser Körperschaften einzuwirken, unterliegt gleichfalls den im vorhergehenden Paragraphen festgesetzten Strafen.

**§ 256.** Wer einer aus zehn oder mehr Personen bestehenden Vereinigung beitritt, die sich gebildet hat, um mit Gewalt oder durch Drohung die in den vorhergehenden Paragraphen angegebenen Straftaten zu begehen, wird mit Gefängnis von einem Monat bis zu zwei Jahren bestraft.

**§ 257.** Ist die in dem vorhergehenden Paragraphen angegebene Vereinigung gebildet worden, um das Vergehen mit Waffen zu begehen, so beträgt die Strafe drei Monate bis zu drei Jahren. Löst sich die Vereinigung auf Befehl oder Aufforderung der Regierung auf, dann wird den Teilnehmern Straffreiheit gewährt.

**§ 258.** Die in den vorhergehenden Paragraphen angeführten Straftaten werden wie folgt bestraft:

1. mit Gefängnis von vier bis zu dreißig Monaten, wenn sie mit Waffen begangen sind;
2. mit Zuchthaus von drei bis zu fünf Jahren, wenn sie bewaffnet von mehr als fünf Personen oder unbewaffnet von mehr als zehn Personen, und zwar auf Grund einer vorherigen Verabredung, begangen worden sind.

Ist die Tat begangen worden, um sich selbst oder einen Angehörigen der Verhaftung zu entziehen, so tritt im Falle des ersten Absatzes dieses Paragraphen Gefängnisstrafe von drei Monaten bis zu einem Jahr oder Verweisung nicht unter einem Jahre und im Falle des zweiten Absatzes Gefängnisstrafe von sechs Monaten bis zu zwei Jahren ein.

Hat ein Beamter durch willkürliche Überschreitung seiner Amtsbefugnisse zu dieser Tat Veranlassung gegeben, so werden die in den vorhergehenden Paragraphen angeführten Strafen auf die Hälfte bis auf ein Drittel ermäßigt und an Stelle der Zuchthausstrafe tritt Gefängnisstrafe.

**§ 259.** Im Sinne des Strafgesetzbuches gelten als Angehörige: die Ehegatten, die Verwandten aufsteigender und absteigender Linie, der Bruder, die Schwester, der Onkel väterlicherseits und mütterlicherseits, die Tante väterlicherseits und mütterlicherseits, die Neffen sowie die Verschwägerten des gleichen Grades.

**§ 260.** Wer seinen Einfluß oder seine Überredungskraft aufwendet, um einen anderen zum Widerstand gegen die Ausführung gesetzlicher oder verordnungsmäßiger Bestimmungen zu veranlassen, wird mit Gefängnis bis zu einem Jahre bestraft.

**§ 261.** Wer entgegen den Bestimungen über den öffentlichen Unterricht Schulen eröffnet, wird mit schwerer Geldstrafe von fünfzig bis zu einhundert Pfund bestraft; die Schule selbst wird geschlossen. Wer ohne Erlaubnis die Tätigkeit als Lehrer ausübt, oder wer einen solchen als Lehrer anstellt, wird mit schwerer Geldstrafe von dreißig bis zu fünfzig Pfund bestraft.

Schulleiter und Lehrer, die ein Buch zum Unterricht benutzen, dessen Gebrauch als Lehrmittel verboten ist, werden mit Gefängnis von einem Monat bis zu drei Monaten bestraft.

**§ 262.** Wer unbefugt Tote an anderen Plätzen beerdigt oder beerdigen läßt als in den Begräbnisplätzen neben den Moscheen, auf Kirchhöfen oder in Kirchen oder in den innerhalb bewohnter Ortschaften hierfür vorgesehenen Begräbnisplätzen oder an sonstigen für die Beerdigung bestimmten Orten, wird mit Gefängnis von einem Monat bis zu sechs Monaten oder mit schwerer Geldstrafe von dreißig bis zu einhundertfünfzig Pfund bestraft.

**§ 263.** Wer sich tätlich den Anordnungen oder Maßnahmen der Behörden widersetzt, die erlassen sind, um Häuser oder Ortschaften wegen Erkrankungen oder Todesfällen an Cholera und ähnlichen ansteckenden Krankheiten abzusperren, wird, je nach der Schwere der Straftat mit Gefängnis von einem Monat bis zu einem Jahr bestraft.

**§ 264.** Wer ohne Erlaubnis der zuständigen Behörde Dynamit, Bomben und ähnliche Sprengkörper oder totbringende Werkzeuge, Pulver und ähnliche Sprengkörper, verbotene Waffen und hierfür bestimmte Munition anfertigt oder aus dem Ausland in die Türkei einführt oder einschmuggelt oder innerhalb des Landes von einem Ort zu einem anderen befördert, wird mit Gefängnis von zwei Monaten bis zu zwei Jahren und mit schwerer Geldstrafe von fünfzehn bis zu fünfzig Pfund bestraft; die erwähnten Gegenstände werden eingezogen.

Wer diese Gegenstände ohne Erlaubnis führt oder verkauft oder zum Verkauf ausstellt, oder wer Sprengkörper, Dynamit und Bomben aufbewahrt, wird mit Gefängnis von einem Monat bis zu sechs Monaten und mit schwerer Geldstrafe von dreißig bis zu fünfzig Pfund bestraft.

**§ 265.** Unter verbotenen Waffen sind im Sinne des Gesetzes die für Soldaten, Offiziere und Polizeibeamte bestimmten Waffen zu verstehen sowie im allgemeinen Militärgewehre und Handfeuerwaffen, deren Lauf länger als 15 cm ist.

## Abschnitt 9.

## Vergehen gegen Amtsträger.

**§ 266.** Wer durch Wort oder Tat die Ehre, den Ruf oder das Ansehen eines öffentlichen Beamten in seiner Gegenwart und wegen der Ausübung seiner Amtsbefugnis angreift, wird nach folgenden Bestimmungen bestraft:

1. Je nach der Schwere der Straftat mit Gefängnis von einem Monat bis zu sechs Monaten und mit schwerer Geldstrafe von dreißig bis zu fünfzig Pfund, wenn die Beleidigung oder der Angriff gegen gemeine Soldaten oder Gendarmen oder gegen einen anderen als den in den folgenden Nummern 2 und 3 angegebenen Beamten gerichtet war;
2. mit Gefängnis von zwei Monaten bis zu zwei Jahren und mit schwerer Geldstrafe von fünfzig bis zu einhundert Pfund, wenn die Beleidigung oder der Angriff gegen Offiziere oder Gendarmerie-Offiziere, gegen Polizeiinspektoren und Polizeikommissare oder gegen Mitglieder amtlicher örtlicher oder städtischer Körperschaften gerichtet war;
3. mit Gefängnis von drei bis zu dreißig Monaten und mit schwerer Geldstrafe von einhundert bis zu einhundertfünfzig Pfund, wenn die Beleidigung oder der Angriff gegen ein Mitglied der Großen Nationalversammlung, gegen leitende Beamte höherer Behörden oder gegen ein Mitglied eines Gerichtes gerichtet war.

**§ 267.** Die Strafen werden um ein Drittel bis um die Hälfte ermäßigt, wenn die in dem vorhergehenden Paragraphen angeführte Straftat nicht wegen sondern bei der Ausübung einer Amtsbefugnis begangen wurde.

**§ 268.** Wer durch Wort oder durch Tat die Würde oder das Ansehen einer amtlichen politischen oder administrativen Körperschaft in ihrer Gegenwart oder die Würde oder das Ansehen eines Richters während der Gerichtsverhandlung angreift, wird mit Gefängnis von sechs Monaten bis zu drei Jahren bestraft. Die Strafverfolgung findet nur auf Antrag der beleidigten Körperschaft statt.

Ist das Vergehen gegen eine Körperschaft begangen worden, deren Mitglieder verschiedenen Ranges sind, so findet die Strafverfolgung nur auf Antrag des den höchsten Rang bekleidenden leitenden Vorstehers statt.

**§ 269.** Ist die in den vorhergehenden Paragraphen angeführte Beleidigung oder der Angriff mit Gewalt oder durch Drohung begangen worden, dann wird die Strafe verdoppelt.

**§ 270.** Wer die in den vorhergehenden Paragraphen angegebenen Vergehen begangen hat, wird weder zum Beweis der Wahrheit noch der Offenkundigkeit der über den Beleidigten behaupteten Eigenschaften oder Tatsachen zugelassen.

**§ 271.** Wer einen öffentlichen Beamten bei oder wegen der Ausübung einer Amtsbefugnis schlägt, verwundet oder an der Gesundheit schädigt, wird nach folgenden Bestimmungen bestraft:

1. Mit Gefängnis von drei Monaten bis zu einem Jahr, wenn es

sich um einen im § 266 Nr. 1 angegebenen Beamten handelt; mit Gefängnis von sechs Monaten bis zu zwei Jahren, wenn es sich um einen in § 266 Nr. 2 angegebenen Beamten handelt und mit Gefängnis von einem Jahr bis zu drei Jahren, bei Vergehen gegen einen im § 266 Nr. 3 angegebenen Beamten;

2. trifft auf das Vergehen der Tatbestand des § 268 zu, dann ist die Freiheitsstrafe nicht unter zwei Jahren.

**§ 272.** Die Strafen werden um ein Drittel bis um die Hälfte ermäßigt, wenn der Beamte durch willkürliche Überschreitung seiner Amtsbefugnisse Veranlasung zu dem Vergehen gegeben hat.

**§ 273.** Sofern das Gesetz keine ausdrücklichen Sonderbestimmungen trifft, unterliegt jeder, der ein Vergehen gegen ein Mitglied der Großen Nationalversammlung oder einen Staatsbeamten wegen seiner amtlichen Eigenschaft begeht, der für das Vergehen gesetzlich festgesetzten Strafe unter Erhöhung um ein Sechstel bis um ein Drittel.

## Abschnitt 10.

## Siegelbruch und Verstrickungsbruch.

**§ 274.** Wer Siegel, welche auf Grund einer gesetzlichen Bestimmung oder behördlichen Anordnung zur Sicherung der Erhaltung oder der Nämlichkeit einer Sache angelegt sind, ablöst, wird mit Gefängnis von drei Monaten bis zu zwei Jahren und mit schwerer Geldstrafe bis zu vierzig Pfund bestraft.

Ist der Täter ein Beamter, welcher die Anlegung der Siegel angeordnet oder vorgenommen hat, oder jemand, der verpflichtet war, die unter Siegel gelegte Sache zu sichern oder bei sich zu bewahren, so ist auf Gefängnis von einem Jahr bis zu vier Jahren und auf schwere Geldstrafe von dreißig bis zu einhundertfünfzig Pfund zu erkennen.

Ist der Siegelbruch infolge Fahrlässigkeit des Beamten oder des Bewahrers begangen worden, so ist auf schwere Geldstrafe von dreißig bis zu einhundert Pfund zu erkennen.

**§ 275.** Wer Gegenstände, die sich auf ein Vergehen beziehen, oder derartige bei einer Behörde aufbewahrte Urkunden und Beweisstücke oder bei Gerichten oder öffentlichen Behörden hinterlegte oder einem Beamten amtlich anvertraute Urkunden und sonstige wichtige Schriftstücke beiseite schafft oder beschädigt oder vernichtet oder verfälscht oder verändert, wird mit Gefängnis von einem Jahr bis zu drei Jahren bestraft.

Ist der Täter der Beamte selbst, der diese Sachen, Schriftstücke oder Beweisstücke amtlich zu bewahren hatte, so wird er mit Gefängnis von zwei bis zu fünf Jahren und mit zeitiger Amtunfähigkeit bestraft. Ist der entstandene Schaden nur leicht, und hat der Täter die Gegenstände, Schriftstücke, Beweisstücke und Urkunden ohne

Vorteil gezogen zu haben und vor Einleitung eines Verfahrens gegen ihn unverändert wieder zurückerstattet, so wird er im ersten Falle mit Gefängnis von sechs Monaten bis zu zwei Jahren und im zweiten Falle mit Gefängnis von einem Jahr bis zu vier Jahren und mit zeitiger Amtsunfähigkeit bestraft.

**§ 276.** Wer ihm amtlich zur Verwahrung übergebene verpfändete oder gerichtlich beschlagnahmte Gegenstände für sich oder für einen anderen verwendet oder vertauscht oder an den Berechtigten auszufolgen sich weigert, wird mit Gefängnis von drei Monaten bis zu zwei Jahren und mit schwerer Geldstrafe von fünfzehn bis zu einhundertfünfzig Pfund bestraft.

Wer in seinem oder eines anderen Besitz befindliche und rechtmäßig beschlagnahmte oder gepfändete bewegliche Sachen wegnimmt oder vernichtet oder verbraucht, wird mit Gefängnis von einem Monat bis zu einem Jahr bestraft. Ist das Vergehen aus Fahrlässigkeit begangen, so tritt schwere Geldstrafe bis zu einhundert Pfund ein.

Ist der Wert der Gegenstände sehr gering oder erstattet der Täter die Gegenstände vor Einleitung eines Verfahrens zurück, so wird die Strafe um ein Sechstel bis um die Hälfte ermäßigt.

**§ 277.** Werden die in diesem Abschnitt angeführten Taten mit Gewalt oder durch Drohung oder bewaffnet oder von mehr als einer Person begangen, so wird die Strafe um ein Drittel erhöht.

## Abschnitt 11.

## Verschaffung eines Vorteils durch Behauptung von Beziehungen zu Staatsbeamten.

**§ 278.** Wer unter der Behauptung, daß er auf Mitglieder amtlicher Körperschaften oder auf Staatsbeamte Einfluß besitzt oder Beziehungen zu ihnen hat, für sich oder für einen anderen Geld oder einen anderen Vorteil annimmt oder sich versprechen läßt, und zwar als Belohnung für seine Vermittlung oder als Geschenk oder als Belohnung für das Mitglied oder den Beamten, um deren Gunst zu erlangen, wird mit Gefängnis von drei Monaten bis zu zwei Jahren und mit schwerer Geldstrafe von dreißig bis zu einhundert Pfund bestraft.

Ist der Täter ein Staatsbeamter, so tritt zu diesen Strafen in jedem Falle noch zeitige Amtsunfähigkeit.

## Abschnitt 12.

## Gemeinsame Bestimmungen zu den vorhergehenden Abschnitten.

**§ 279.** Im Sinne des Gesetzes gelten als Beamte sämtliche Personen, die, dauernd oder vorübergehend, gegen Entgelt oder unentgeltlich, zur Ausübung eines Dienstes von der Regierung, einer Provinz, einer Landgemeinde oder Dorfgemeinde angestellt sind.

**§ 280.** Wenn die amtliche Eigenschaft nach dem Gesetz einen Bestandteil des Vergehens bildet oder als strafverschärfender Umstand gilt, so wird die Anwendung dieser Regeln nicht dadurch ausgeschlossen, daß der Beamte diese Eigenschaft nicht mehr besaß oder sich bei Begehung des Vergehens nicht in Ausübung seiner Amtsbefugnisse befand.

**§ 281.** Wer, um ein Vergehen zu begehen, sich der ihm amtlich zur Verfügung stehenden Mittel bedient, wird, wenn die amtliche Eigenschaft vom Gesetz nicht berücksichtigt ist, mit der für das Vergehen vorgesehenen Strafe unter einer Erhöhung um ein Sechstel bis um ein Drittel bestraft.

## Vierter Teil.

## Vergehen gegen die Rechtspflege.

### Abschnitt 1.

### Verweigerung gesetzlich obliegender Pflichten.

**§ 282.** Wer von einem Untersuchungsrichter oder vom Gericht oder in einer Strafsache von der Staatsanwaltschaft als Zeuge, Sachverständiger oder Dolmetscher unter Zusicherung des Ersatzes notwendiger Auslagen geladen ist und sich ohne stichhaltigen Grund weigert, zu erscheinen oder, nachdem er erschienen ist, sich weigert, Zeugnis abzulegen oder als Sachverständiger aufzutreten oder Dolmetscherdienste zu leisten, wird mit Gefängnis bis zu sechs Monaten oder mit schwerer Geldstrafe bis zu zweihundert Pfund bestraft. Ist der Täter ein Sachverständiger, so wird bei einer etwaigen Verurteilung zu Gefängnis noch auf zeitige Untersagung der Ausübung seines Brufes oder Gewerbes für die gleiche Dauer erkannt.

### Abschnitt 2.

### Erheuchelung eines Vergehens und Täuschung amtlicher Behörden.

**§ 283.** Wer einer gerichtlichen Behörde oder einer Stelle, die den Sachverhalt einer Gerichtsbehörde weitergeben muß, ein Vergehen, von dem er weiß, daß es nicht stattgefunden hat, als begangen anzeigt, oder wer die Spuren eines nicht begangenen Vergehens so erheuchelt, daß ein Verfahren eingeleitet werden kann, wird mit Gefängnis bis zu dreißig Monaten bestraft. Der gleichen Strafe unterliegt, wer vor einer richterlichen Behörde fälschlich erklärt, daß er ein Vergehen begangen oder an einem Vergehen teilgenommen habe.

**§ 284.** Wer an Stelle eines Verurteilten dessen Strafe antritt, wird mit Gefängnis von einem Monat bis zu einem Jahr bestraft.

### Abschnitt 3.

### Falsche Anschuldigung.

**§ 285.** Wer durch Anzeige oder Stellung eines Strafantrages bei einer richterlichen Behörde oder bei einem Beamten, der verpflichtet ist, den Sachverhalt einer richterlichen Behörde zu melden, jemanden, von dem er weiß, daß er unschuldig ist, böswillig eines Vergehens beschuldigt oder zu dessen Belastung Spuren eines Vergehens erheuchelt, wird je nach der Schwere und der Art des behaupteten Vergehens und nach der Beweiskraft der erheuchelten Spuren mit Gefängnis von einem Monat bis zu drei Jahren bestraft.

Ist infolge der Tat die Freiheit der fälschlich angeschuldigten Person, z. B. durch Verhaftung, beschränkt worden, so wird der Verleumder mit Zuchthaus bis zu fünfzehn Jahren bestraft. Ist infolge der falschen Anschuldigung ein Urteil auf Freiheitsstrafe von mehr als drei Jahren erlassen worden, so wird der Verleumder mit der gleichen Art Freiheitsstrafe nicht über fünfzehn Jahren bestraft. Ist der fälschlich Angeschuldigte zu lebenslangem Zuchthaus verurteilt worden, so trifft den Verleumder Zuchthausstrafe nicht unter fünfzehn Jahren. Hat das Urteil infolge der falschen Anschuldigung auf Todesstrafe gelautet und ist die Strafe vollstreckt worden, dann wird der Verleumder mit der gleichen Strafe bestraft. War die Todesstrafe noch nicht vollstreckt, dann wird der Verleumder mit lebenslangem Zuchthaus bestraft.

Die in den vorhergehenden Abschnitten festgesetzten Strafen werden auf ein Sechstel ermäßigt, wenn der Täter vor Einleitung eines Verfahrens gegen den fälschlich Angeschuldigten die Anschuldigung zurücknimmt oder die fälschliche Anschuldigung eingesteht. Ist die Strafe lebenslanges Zuchthaus, dann wird sie auf zehn Jahre ermäßigt. Ist die Zurücknahme oder das Eingeständnis der falschen Anschuldigung nach Einleitung des Verfahrens erfolgt, so wird die Strafe auf zwei Drittel ermäßigt und an Stelle der lebenslangen Zuchthausstrafe tritt Zuchthaus von zwanzig Jahren.

## Abschnitt 4.

## Falsche Zeugenaussage und Meineid.

**§ 286.** Wer von einem Beamten oder vor einer Körperschaft, die zur eidlichen Vernehmung von Zeugen und Sachverständigen ermächtigt sind, falsch aussagt oder die Wahrheit verschweigt oder ganz oder teilweise seine Kenntnis von den Tatsachen, über die er befragt worden ist, verschweigt, wird mit Gefängnis von drei Monaten bis zu drei Jahren bestraft.

Ist die Tat bei der Untersuchung oder der gerichtlichen Verhandlung eines Vergehens begangen, das mit einer Freiheitsstrafe von mehr als drei Jahren bedroht ist, dann beträgt die Strafe Zuchthaus von drei bis zu zehn Jahren.

Ist infolge der falschen Zeugenaussage auf lebenslange Freiheitsstrafe erkannt worden, so tritt Zuchthausstrafe nicht unter fünfzehn Jahren ein. Ist auf Todesstrafe erkannt worden, so ist, je nachdem das Urteil vollstreckt oder nicht vollstreckt worden ist, auf Todesstrafe oder lebenslange Zuchthausstrafe zu erkennen.

Ist das Zeugnis ohne Eid abgelegt worden, so wird die Strafe um die Hälfte ermäßigt.

**§ 287.** Wer in einem Zivilprozeß als Kläger oder als Beklagter einen falschen Eid leistet, wird mit Gefängnis von sechs Monaten bis zu drei Jahren und mit schwerer Geldstrafe von dreißig bis zu einhundert Pfund sowie mit zeitiger Untersagung der Bekleidung öffentlicher Ämter bestraft. Wenn der Täter vor Erlaß eines Urteils in diesem Prozeß den falschen Eid widerruft, beträgt die Gefängnisstrafe einen Monat bis zu sechs Monaten.

**§ 288.** Straffrei wegen der im vorhergehenden Paragraphen angegebenen Straftaten bleibt:

1. Wer durch Offenbarung der Wahrheit sich oder einem Angehörigen einem schweren Schaden an der Freiheit oder der Ehre aussetzen würde;
2. wer wegen seiner von ihm angegebenen Eigenschaft als Zeuge nicht vernommen werden durfte oder wer über die Berechtigung, in dem Strafverfahren die Ablegung einer Zeugenaussage, eines sachverständigen Gutachtens oder die Leistung des Dolmetscherdienstes zu verweigern, vom Gericht nicht belehrt worden ist.

War ein anderer der Gefahr eines Strafverfahrens oder einer Verurteilung ausgesetzt, dann wird die Strafe für die falsche Aussage um die Hälfte bis um zwei Drittel ermäßigt.

**§ 289.** Wer während einer strafrechtlichen Untersuchung oder Gerichtsverhandlung, nachdem er Zeugnis abgelegt hat, die Aussage widerruft und die Wahrheit eingesteht, bevor ein Beschluß auf Eröffnung oder Einstellung des Verfahrens ergangen ist, oder bevor die Gerichtsverhandlung abgeschlossen ist, oder bevor die Sache wegen der falschen Aussage auf einen anderen Termin vertagt worden ist, bleibt wegen der in dem § 286 angeführten Tat straffrei.

Ist der Widerruf später erfolgt oder ist die falsche Aussage während einer Gerichtsverhandlung in einem Zivilprozeß erfolgt, so wird die Strafe um ein Drittel bis um die Hälfte ermäßigt, sofern der Widerruf erfolgte, bevor das Gericht in dem Prozeß, in dessen Verlauf die Aussage abgegeben wurde, ein Urteil erlassen hat.

Ist infolge der Aussage ein anderer verhaftet worden oder hat ein anderer infolgedessen einen schweren Schaden erlitten, so wird die Strafe im Falle des ersten Absatzes dieses Paragraphen nur um ein Drittel, und im Falle des zweiten Absatzes nur um ein Sechstel ermäßigt.

**§ 290.** Die Bestimmungen der vorhergehenden Paragraphen kommen auch gegen Sachverständige, die auf Vorladung vor Gericht ein Gutachten wider besseres Wissen abgeben, sowie gegen Dolmetscher zur Anwendung, die Erklärungen wider besseres Wissen falsch übersetzen.

Gegen Sachverständige kann auch auf zeitige Untersagung der Bekleidung öffentlicher Ämter sowie auf zeitige Untersagung der Ausübung eines Berufes oder Gewerbes erkannt werden.

**§ 291.** Wer einen Zeugen, einen Sachverständigen oder einen Dolmetscher durch Hingabe von Geld oder Gewährung eines anderen Vorteils oder durch Versprechen von Geld oder Vorteil oder durch Drohung, oder arglistig, oder durch Ausübung eines Einflusses verleitet, das in dem § 286 angegebene Vergehen zu begehen und falsche Aussage zu leisten oder ein Gutachten wider besseres Wissen abzugeben oder wider besseres Wissen falsch zu übersetzen, wird im Falle des § 286 Absatz 1 mit Gefängnis von einem Monat bis zu einem Jahre und im Falle des Absatzes 2 mit Gefängnis von drei bis zu fünf Jahren, und im Falle des Absatzes 3 mit Zuchthaus nicht unter zehn Jahren bestraft. Die den falschen Zeugen, Gutachtern und Dolmetschern gegebene Belohnung wird eingezogen.

Wer versucht, einen Zeugen, Sachverständigen oder Dolmetscher zur Leistung einer falschen Aussage, zur Abgabe eines Gutachtens wider besseres Wissen oder zur falschen Übersetzung zu verleiten, wird mit einem Drittel der in dem vorhergehenden Absatz festgesetzten Strafen bestraft.

**§ 292.** Der Täter des im vorhergehenden Paragraphen angeführten Vergehens erhält, wenn er selbst der Beschuldigte oder ein naher Angehöriger des Beschuldigten ist, eine Ermäßigung der in diesem Paragraphen festgesetzten Strafen um die Hälfte bis um zwei Drittel, sofern nicht deswegen gegen eine andere Person ein Strafverfahren eingeleitet oder ein Urteil erlassen worden ist.

**§ 293.** Widerrufen Zeugen, Sachverständige oder Dolmetscher gemäß den Vorschriften des § 289 ihre falsche Aussage oder ihr falsches Gutachten oder ihre falsche Übersetzung, so werden die im § 296 festgesetzten Strafen für die Anstifter um ein Sechstel bis um ein Drittel ermäßigt.

### Abschnitt 5.

### Amtsuntreue von Rechtsanwälten und Prozeßvertretern.

**§ 294.** Der Anwalt oder der Prozeßvertreter, der dadurch, daß er sich mit der Gegenpartei einläßt oder sonstwie arglistig die ihm anvertraute Sache schädigt, oder der zur gleichen Zeit auch der Gegenpartei behilflich ist, wird mit Gefängnis von drei bis zu dreißig Monaten, mit zeitiger Untersagung der Bekleidung öffentlicher Ämter und der Ausübung seines Berufes sowie mit schwerer Geldstrafe von dreißig bis zu zweihundertfünfzig Pfund bestraft.

Der Anwalt oder der Prozeßvertreter, der in der gleichen Prozeßsache, nachdem er den ihm von der einen Partei gegebenen Auftrag niedergelegt hat, die Vertretung der anderen Partei übernimmt oder jener Partei beisteht, wird mit Gefängnis bis zu sechs Monaten oder mit schwerer Geldstrafe von dreißig bis zu einhundertfünfzig Pfund bestraft.

**§ 295.** Der Anwalt oder der Prozeßvertreter, der in einer Prozeßsache von seinem Auftraggeber unter dem Vorwand, die Gunst von Zeugen, Sachverständigen, Dolmetschern, des Staatsanwalts oder des Richters, der in der Sache zu befinden hat, zu gewinnen, oder um diesen Personen eine Belohnung zuzuwenden, Geld oder andere Sachen annimmt, wird mit Gefängnis von zwei bis zu fünf Jahren und mit schwerer Geldstrafe bis zu zweihundert Pfund und mit zeitiger Untersagung der Bekleidung öffentlicher Ämter sowie der Ausübung seines Berufes bestraft.

## Abschnitt 6.

## Begünstigung.

**§ 296.** Wer einem anderen, der ein Vergehen, das mindestens mit Gefängnis bedroht ist, begangen hat, ohne selbst mit dem Täter eine Abrede über die Begehung des Vergehens getroffen zu haben und ohne an der Durchführung des Vergehens beteiligt zu sein, um ihm den Vorteil des Vergehens zu sichern, dadurch beisteht, daß er die von der Behörde eingeleitete Untersuchung auf eine falsche Fährte führt oder den Täter den Nachforschungen der Behörde oder der Vollstreckung des Urteils entzieht, und wer bei derartigen Vergehen Spuren oder Beweisstücke vernichtet oder verfälscht, wird mit Zuchthaus bis zu fünf Jahren bestraft. Die Dauer der Strafe darf jedoch nicht den vierten Teil der für das eigentliche Vergehen festgesetzten Strafe überschreiten.

In den übrigen Fällen ist auf schwere Geldstrafe bis zu einhundert Pfund zu erkennen.

Ist die Tat zugunsten von Verwandten aufsteigender oder absteigender Linie, des Ehegatten, des Bruders oder der Schwester begangen, dann bleibt sie straffrei.

**§ 297.** Wer den Leichnam eines Getöteten verbirgt oder verbergen läßt oder ohne die Behörde zu benachrichtigen und vor Aufklärung der Tat beerdigt oder beerdigen läßt, wird mit Gefängnis von drei Monaten bis zu einem Jahr und mit schwerer Geldstrafe bis zu fünfzig Pfund bestraft.

## Abschnitt 7.

## Entweichen aus dem Arresthaus oder Gefängnis und Beihilfe dazu.

**§ 298.** Wer gesetzmäßig verhaftet ist und mit Anwendung von Gewalt gegen Personen oder mittels Zerschlagens von Fenstern oder Türen oder mittels Durchbruchs durch Mauern aus dem Arresthaus entweicht, wird mit Gefängnis von drei bis zu achtzehn Monaten bestraft.

**§ 299.** Wer zu zeitigem Zuchthaus, Gefängnis oder zu zeitiger Verweisung verurteilt ist und mittels der im vorhergehenden Paragraphen angegebenen Weise aus der Strafanstalt entweicht, wird mit einer Verlängerung der noch zu verbüßenden Restzeit der Strafe um ein Drittel bis um die Hälfte bestraft.

Wer mit dauernder Verweisung bestraft ist und von dem Ort seines zwangsweisen Aufenthaltes entweicht, wird mit Zuchthaus von zwölf bis zu achtzehn Monaten bestraft.

Nach Verbüßung dieser Strafe wird er wieder an den Ort seines zwangsweisen Aufenthaltes geführt.

Wer zu lebenslangem Zuchthaus verurteilt ist und entweicht, wird mit einer Verlängerung der Einzelhaft um zwei Jahre bestraft.

**§ 300.** Der Verhaftete oder Verurteilte, der ohne Anwendung von Gewalt und nicht mittels Ausbruches entweicht, erhält eine Ermäßigung der in den vorhergehenden Paragraphen festgesetzten Strafen auf ein Sechstel, wenn er sich innerhalb von fünfzehn Tagen freiwillig wieder stellt.

**§ 301.** Wer die Entweichung eines Verhafteten oder Verurteilten aus dem Arresthaus oder der Strafanstalt bewirkt oder erleichtert, wird, je nach der Schwere des von dem Flüchtling begangenen Vergehens und der Art und Dauer der zu verbüßenden Strafe, mit Gefängnis von einem Monat bis zu dreißig Monaten bestraft.

Ist die von dem Verurteilten zu verbüßende Strafe lebenslanges Zuchthaus, so wird derjenige, der die Entweichung bewirkt oder erleichtert hat, mit Gefängnis von zwanzig Monaten bis zu vier Jahren bestraft.

Wer, um die Entweichung des Verurteilten zu bewirken oder zu erleichtern, eines der in dem § 298 angegebenen Mittel anwendet, wird, wenn der Verhaftete infolgedessen entwichen ist, mit Gefängnis von zwei bis zu fünf Jahren bestraft.

Hat der Verhaftete nicht entweichen können, so beträgt die Strafe einen Monat bis drei Jahre Gefängnis.

Ist die Tat von Verwandten aufsteigender oder absteigender Linie, von dem Ehegatten, dem Bruder oder der Schwester des Verhafteten oder Verurteilten begangen worden, so wird die Strafe um ein Drittel ermäßigt.

**§ 302.** Wer mit der Bewachung oder der Überführung eines Verhafteten oder Verurteilten amtlich beauftragt ist und dessen Entweichung bewirkt oder erleichtert, wird mit Gefängnis von einem Jahr bis zu fünf Jahren bestraft.

Die Strafe beträgt Zuchthaus bis zu fünf Jahren, wenn die von dem Verhafteten zu verbüßende Strafe die Todesstrafe oder lebenslanges Zuchthaus war. Außerdem tritt die Strafe der Untersagung der Bekleidung öffentlicher Ämter für die Dauer von fünf Jahren ein.

Der Beauftragte, der, um die Entweichung eines anderen zu bewirken oder zu erleichtern, bei der Anwendung von Gewalt durch den Flüchtling oder bei dem Ausbruch durch Türen und Fenster oder bei dem Durchbruch durch Mauern mitwirkt oder Waffen und sonstige für den Ausbruch dienliche Werkzeuge beschafft oder die Beschaffung nicht verhindert, wird, wenn der Verurteilte hat entweichen können, mit Zuchthaus zu sieben Jahren und mit dauernder Untersagung der Bekleidung öffentlicher Ämter bestraft. Hat der Verurteilte nicht entweichen können, so trifft den Beauftragten Zuchthausstrafe bis zu fünf Jahren.

**§ 303.** Ist die Entweichung infolge Fahrlässigkeit oder mangelnder Aufsicht des Beauftragten geschehen, so wird der Beauftragte mit Gefängnis von zwölf Monaten bis zu zwei Jahren bestraft.

War die von dem Flüchtling zu verbüßende Strafe die Todesstrafe oder lebenslanges Zuchthaus, so wird die Gefängnisstrafe von einem Jahr bis zu drei Jahren verlängert; in beiden Fällen tritt noch Untersagung der Bekleidung öffentlicher Ämter für die Dauer von drei Jahren hinzu.

**§ 304.** Wird die in dem vorhergehenden Paragraphen angeführte Gewalttat mit Waffen oder von drei oder mehr Personen gemeinsam oder nach vorheriger Verabredung begangen, so werden die in dem angegebenen Paragraphen festgesetzten Strafen um ein Drittel erhöht.

**§ 305.** Wer mit der Bewachung oder der Überführung eines Verhafteten oder Verurteilten amtlich beauftragt ist und unbefugt dem Verhafteten oder Verurteilten erlaubt, sich, wenn auch nur zeitweilig, von dem Ort seiner Haft oder von dem Ort, wo er die Strafe verbüßt, zu entfernen, wird mit Gefängnis von einem Monat bis zu einem Jahr bestraft.

Ist der Verhaftete oder Verurteilte infolge dieser Erlaubnis entwichen, so trifft den Beauftragten eine Gefängnisstrafe von sechs Monaten bis zu vier Jahren. In jedem Falle ist noch auf Untersagung der Bekleidung öffentlicher Ämter bis zu drei Jahren zu erkennen.

**§ 306.** Wer mit der Bewachung oder Überführung eines Verhafteten oder Verurteilten amtlich beauftragt ist und eins der in den §§ 303 und 305 angegebenen Vergehen begeht, bleibt, wenn er innerhalb von drei Monaten nach der Entweichung die Verhaftung oder die Selbstgestellung des Geflüchteten bewirkt, im Falle des § 303 straffrei, während im Falle des § 305 Absatz 2 die dort vorgesehene Erhöhung nicht eintritt.

**§ 307.** Abgesehen von den in anderen Bestimmungen dieses Gesetzes vorgesehenen Fällen wird der Verurteilte, der die mit der Verurteilung verbundenen Pflichten verletzt, nach folgenden Bestimmungen bestraft:

1. wenn die dem Verurteilten auferlegte Strafe in der Untersagung der Bekleidung öffentlicher Ämter oder der Ausübung eines Berufs oder Gewerbes besteht, mit Gefängnis bis zu einem Jahr und schwerer Geldstrafe bis zu einhundert Pfund, unbeschadet der Dauer der Strafe, zu der er bereits verurteilt ist;
2. wenn die dem Verurteilten auferlegte Strafe in Stellung unter Polizeiaufsicht besteht, mit Gefängnis von einem Monat bis zu einem Jahr, wobei der Lauf der Stellung unter Polizeiaufsicht während der Zeit der Untersuchungshaft und der Strafhaft ausgesetzt bleibt.

Abschnitt 8.

## Eigenmächtige Rechtsausübung.

**§ 308.** Wer in der Absicht, ein vermeintliches Recht durchzusetzen, sich mit Gewalt gegen Sachen selbst Recht verschafft, obwohl er sich hätte an die Behörden wenden können, wird mit schwerer Geldstrafe von dreißig bis zu fünfzig Pfund bestraft.

Ist die Tat nicht oder nicht allein mit Gewalt gegen Sachen sondern unter Anwendung von Gewalt oder Drohung gegen Personen erfolgt, so tritt Gefängnisstrafe von einem Monat bis zu einem Jahr und schwere Geldstrafe bis zu fünfzig Pfund ein.

Wird die Tat mit Waffen begangen oder wird sie von einer Körperverletzung begleitet, so wird der Täter, auch wenn die Körperverletzung keine schwerere als die im § 456 Abs. 1 angegebene Folge gehabt hat, mit Gefängnis nicht unter zwei Monaten und mit schwerer Geldstrafe nicht unter vierzig Pfund bestraft.

Weist der Täter sein Recht nach, so wird die Strafe auf ein Viertel ermäßigt.

Wegen der in diesem Paragraphen angegebenen Vergehen tritt eine strafrechtliche Verfolgung nur auf Antrag des Geschädigten ein, sofern nicht gleichzeitig ein anderes Vergehen begangen worden ist, das von Amts wegen zu verfolgen ist.

**§ 309.** Wer ihm rechtmäßig weggenommene und dem Berechtigten übergebene unbewegliche Sachen wieder in Besitz nimmt, oder wer gerichtlich mit Beschlag belegte unbewegliche Sachen nach der Beschlagnahme zerstört, oder wer in seinem oder im Besitz eines anderen befindliche und rechtmäßig gepfändete oder gerichtlich beschlagnahmte bewegliche Sachen an sich nimmt oder vernichtet oder weitergibt oder zerstört, wird mit Gefängnis von drei Monaten bis zu drei Jahren und mit schwerer Geldstrafe von dreißig bis zu einhundertfünfzig Pfund bestraft.

**§ 310.** Ist die in dem vorhergehenden Paragraphen angegebene Tat mit Siegelbruch und von mehr als einem Bewaffneten unter Anwendung von Gewalt begangen, dann wird der Täter mit Gefängnis von sechs Monaten bis zu fünf Jahren bestraft.

Fünfter Teil.

# Vergehen gegen die öffentliche Ordnung.

## Abschnitt 1.

### Aufforderung zur Begehung eines Vergehens.

**§ 311.** Wer einen anderen öffentlich zu einer strafbaren Handlung auffordert, wird, falls das Vergehen, zu dem er auffordert, mit einer schwereren Strafe als mit zeitigem Zuchthaus bedroht ist, mit Gefängnis von drei Jahren, und, wenn die Bedrohung zeitiges Zuchthaus oder dauernde Verweisung oder Gefängnis beträgt, mit Gefängnis bis zu drei Jahren und in den übrigen Fällen mit schwerer Geldstrafe bis zu einhundertfünfzig Pfund bestraft.

Im zweiten und dritten Fall darf der dritte Teil des Höchstbetrages der Strafe für das Vergehen, zu dessen Begehung die Aufreizung erfolgt ist, nicht überschritten werden.

**§ 312.** Wer öffentlich eine Tat, die von dem Gesetz als Vergehen geahndet wird, verteidigt oder beschönigt, oder wer öffentlich zur Auflehnung gegen die Gesetze oder zum Klassenkampf auffordert, wird mit Gefängnis bis zu einem Jahr und mit schwerer Geldstrafe bis zu einhundert Pfund bestraft.

## Abschnitt 2.

### Vereinigung zur Begehung eines Vergehens.

**§ 313.** Wenn fünf oder mehr Personen sich verbinden, um ein Vergehen gegen die Rechtspflege, die öffentliche Sicherheit und Ordnung, gegen die gute Sitte, die Familienordnung oder gegen Sachen und Personen zu begehen, so wird jeder, allein wegen der Bildung der Verbindung, mit Gefängnis bis zu drei Jahren bestraft.

Wer einer derartigen Verbindung beitritt, wird mit Gefängnis bis zu achtzehn Monaten und mit schwerer Geldstrafe bis zu einhundertfünfzig Pfund bestraft.

Durchziehen Angehörige dieser Verbindung das Land auf öffentlichen Wegen oder über die Felder, oder tragen zwei oder mehrere von ihnen Waffen, oder halten sie die Waffen an einem sicheren Ort versteckt, so wird jeder mit Gefängnis von sechs Monaten bis zu fünf Jahren bestraft.

Gründer und Anführer der Verbindung werden im erstgenannten Falle mit Gefängnis von sechs Monaten bis zu drei Jahren und im zweiten Falle mit Gefängnis bis zu fünf Jahren, jedoch nicht unter einem Jahr, bestraft.

**§ 314.** Wer den Angehörigen der gemäß dem vorhergehenden Paragraphen gebildeten Verbindung oder einigen von ihnen wissentlich und freiwillig einen Unterschlupf zeigt oder Lebensmittel, Waffen und Schießbedarf verschafft oder ihnen auf andere Weise Beistand leistet, wird mit Gefängnis bis zu einem Jahr bestraft.

Wer auf diese Weise Verwandten aufsteigender oder absteigender Linie, dem Ehegatten, dem Bruder oder der Schwester einen Unterschlupf zeigt oder Lebensmittel verschafft, erhält eine Ermäßigung der Strafe um die Hälfte bis um zwei Drittel.

**§ 315.** Wenn die Angehörigen der Verbindung oder einige von ihnen während der Dauer der Verbindung oder infolge der Verbindung ein Vergehen begehen, so wird die sich aus der Anwendung des § 78 ergebende Strafe um ein Sechstel bis um ein Drittel erhöht.

## Sechster Teil.

## Vergehen gegen das öffentliche Vertrauen.

### Abschnitt 1.

### Falschmünzerei und Geldfälschung.

**§ 316.** Mit zeitigem Zuchthaus von drei bis zu zwölf Jahren wird bestraft, wer:

1. in der Türkei oder im Auslande türkische Münzen, die einen gesetzlichen Kurs haben, fälscht;
2. echte Münzen verfälscht, um ihnen den Anschein eines höheren Wertes zu geben;
3. im Einverständnis mit jemandem, der Münzen gefälscht oder verfälscht hat, diese Münzen in die Türkei einführt oder im Inlande oder im Auslande ausgibt oder sonstwie in den Verkehr bringt oder sie einem anderen verschafft, damit sie ausgegeben oder in den Verkehr gebracht werden.

Ist der von den gefälschten Münzen dargestellte gesetzliche oder handelsmäßige Wert bedeutend, dann beträgt die Strafe Zuchthaus von fünf bis zu fünfzehn Jahren.

Ist der wirkliche Wert der gefälschten Münzen dem Wert echter Münzen gleich oder höher als derselbe, so beträgt die Strafe Zuchthaus von drei bis zu fünf Jahren.

**§ 317.** Wer die in dem vorhergehenden Paragraphen angegebenen Münzen irgendwie am Werte verringert, oder wer im Einverständnis mit jemandem, der auf diese Weise den Wert der Münzen verringert hat, eine der im Absatz 3 des vorhergehenden Paragraphen angegebenen Taten begeht, wird mit Zuchthaus von drei bis zu fünf Jahren bestraft.

**§ 318.** Wer von der Regierung geprägte goldene Schmuckmünzen fälscht oder verfälscht oder irgendwie ihren Wert verringert und derartig falsche oder verfälschte oder verringerte goldene Schmuckmünzen aus dem Ausland einführt oder verbreitet, wird mit Zuchthaus von drei bis zu fünf Jahren bestraft.

**§ 319.** Wer, ohne Einverständnis mit jemandem, der Münzen oder goldene Schmuckmünzen gefälscht oder verfälscht hat, falsche oder verfälschte Münzen und goldene Schmuckstücke wissentlich annimmt und ausgibt oder sonstwie in den Verkehr bringt, wird im Falle des Paragraphen 316 Nr. 1 mit Zuchthaus von drei bis zu zehn Jahren und im Falle des § 317 mit Gefängnis von drei bis zu dreißig Monaten und im Falle des § 318 mit Gefängnis von drei Monaten bis zu zwei Jahren bestraft.

**§ 320.** Wer in der Türkei fremde Münzen fälscht oder verfälscht oder am Werte verringert oder falsche oder verfläschte fremde Münzen aus dem Ausland in die Türkei einführt oder derartige Münzen ausgibt oder sonstwie in den Verkehr bringt, wird mit Zuchthaus von drei bis zu fünf Jahren bestraft.

**§ 321.** Wer falsche oder verfälschte Münzen oder goldene Schmuckmünzen in gutem Glauben angenommen hat, sie jedoch wissentlich ausgibt oder sonstwie in den Verkehr bringt, wird mit schwerer Geldstrafe bis zu einhundert Pfund bestraft.

**§ 322.** Die in den vorhergehenden Paragraphen festgesetzten Strafen werden um ein Drittel ermäßigt, wenn die Fälschung leicht erkennbar war.

**§ 323.** Wer Werkzeuge und Geräte, welche zur Fälschung oder Verfälschung von Münzen und goldenen Schmuckmünzen bestimmt sind, anfertigt oder wissentlich bei sich aufbewahrt, wird mit Zuchthaus von drei Jahren bestraft.

**§ 324.** Wird gemäß den vorhergehenden Paragraphen auf Zuchthaus erkannt, so tritt noch schwere Geldstrafe von fünfzig bis zu fünfhundert Pfund sowie Stellung unter Polizeiaufsicht hinzu.

**§ 325.** Straffrei bleibt, wer freiwillig der Behörde Anzeige erstattet, bevor er falsche oder verfälschte Münzen und goldene Schmuckmünzen in den Verkehr gebracht hat und bevor ein anderer hiervon Kenntnis erlangt hat.

**§ 326.** Im Sinne des Gesetzes gelten auch öffentliche Kreditscheine als Münzen.

Unter öffentlichen Kreditscheinen sind zu verstehen: Papiergeld, das wie Metallgeld gesetzlichen Kurs besitzt, daneben: auf den Inhaber lautende von der Regierung herausgegebene Schuldtitel sowie Zinsscheine, die einen handelsmäßigen Wert besitzen, sowie sämtliche anderen Scheine, die von den hierzu ermächtigten Anstalten herausgegeben sind und einen gesetzlichen oder handelsmäßigen Kurs besitzen.

## Abschnitt 2.

## Fälschung staatlicher Siegel und Stempel.

**§ 327.** Wer ein staatliches Siegel, das zum Aufdruck auf Anordnungen und Beschlüsse der Regierung bestimmt ist, fälscht oder von einem falschen, auch von einem anderen gefälschten Siegel Gebrauch macht, wird mit Zuchthaus von drei bis zu zehn Jahren und mit schwerer Geldstrafe von fünfzig bis zu fünfhundert Pfund bestraft.

**§ 328.** Wer das Siegel einer amtlichen Behörde, einer Provinz- oder Landgemeinde oder einer der Aufsicht der Regierung unterstehenden Anstalt fälscht oder ein falsches, auch von einem anderen gefälschtes, Siegel gebraucht, wird mit Zuchthaus von drei bis zu sechs Jahren und mit schwerer Geldstrafe bis zu einhundertfünfzig Pfund bestraft.

**§ 329.** Wer allgemein Stempel, die auf Grund gesetzlicher oder behördlicher Bestimmung für öffentliche Bescheinigungen verwendet werden, Stempel, Marken und sonstige Zeichen für den Feingehalt an Gold und Silber fälscht oder solche falschen auch von einem anderen gefälschten Gegenstände gebraucht, wird mit Gefängnis von drei Monaten bis zu drei Jahren und mit schwerer Geldstrafe bis zu einhundert Pfund bestraft.

Wer, ohne an der Fälschung oder Verfälschung beteiligt zu sein, Gegenstände, die mit diesen falschen Zeichen versehen sind, wissentlich verkauft, wird mit der gleichen Strafe bestraft.

**§ 330.** Wer, ohne die in den vorhergehenden Paragraphen angegebenen Stempel, Siegel und sonstigen Gegenstände selbst zu fälschen oder ohne derartige gefälschte Gegenstände selbst zu gebrauchen, nur ihre Abdrücke mit einem zur Vervielfältigung nicht geeigneten Werkzeug oder Mittel fälscht, wird im Falle des § 327 mit Gefängnis von einem Jahr bis zu drei Jahren, und in den Fällen der §§ 328 und 329 mit Gefängnis von sechs bis zu achtzehn Monaten bestraft; in beiden Fällen tritt noch schwere Geldstrafe bis zu einhundert Pfund hinzu.

**§ 331.** Wer Stempelpapier oder Gerichts-, Brief- und Stempelmarken fälscht, wird mit Zuchthaus von drei bis zu fünf Jahren und mit schwerer Geldstrafe von fünfzig bis zu einhundertfünfzig Pfund bestraft.

**§ 332.** Wer zum Zweck einer Fälschung die für die Herstellung der in dem vorhergehenden Paragraphen angegebenen Marken oder Stempelpapiere geeigneten Formen anfertigt, oder wer Wasserzeichenpapier anfertigt, das mit diesen Formen bearbeitet werden soll, wird mit Gefängnis von einem Jahr bis zu drei Jahren und mit schwerer Geldstrafe bis zu fünfzig Pfund bestraft.

**§ 333.** Wer falsches Stempelpapier oder falsche Marken gebraucht, verkauft oder sonstwie in den Verkehr bringt, wird mit Gefängnis von einem Jahr bis zu drei Jahren und mit schwerer Geldstrafe bis zu fünfundzwanzig Pfund bestraft.

**§ 334.** Wer gebrauchte und entwertete Marken wissentlich für Briefe, Schriftstücke und Gegenstände verwendet, wird mit schwerer Geldstrafe bis zu fünfzig Pfund bestraft.

**§ 335.** Wer, ohne an der Begehung eines der in den vorhergehenden Paragraphen angeführten Vergehen teilgenommen zu haben, falsche Siegel, Stempel oder Gegenstände und Geräte, die ausschließlich für ihre Anfertigung bestimmt sind, wissentlich besitzt, wird mit Gefängnis bis zu zwei Jahren und mit schwerer Geldstrafe bis zu fünfundfünfzig Pfund bestraft.

**§ 336.** Wer sich die in diesem Abschnitt angeführten Stempel, Zeichen und Marken verschafft und sie zum Schaden eines anderen oder zum eigenen oder zum Vorteil eines anderen verwendet, wird bis zu dem halben Betrag der in den vorhergehenden Paragraphen festgesetzten Strafen bestraft.

**§ 337.** Wer Fahrkarten der Eisenbahn oder anderer Beförderungsmittel fälscht oder verfälscht oder derartige falsche Fahrkarten gebraucht, wird mit Gefängnis bis zu einem Jahr und mit schwerer Geldstrafe bis zu fünfzig Pfund bestraft.

**§ 338.** Wer an Stempelpapier, Marken, Fahrkarten der Eisenbahn oder sonstiger Beförderungsmittel die Zeichen über den Zweck und die Art des Gebrauchs vernichtet oder sonstwie unkenntlich macht oder derartige Gegenstände wissentlich gebraucht, wird mit Gefängnis bis zu sechs Monaten und mit schwerer Geldstrafe bis zu fünfundzwanzig Pfund bestraft.

## Abschnitt 3.

## Urkundenfälschung.

**§ 339.** Der Beamte, der in Ausübung seines Amtes eine Urkunde ganz oder teilweise fälscht oder der eine echte Urkunde verfälscht, wird, wenn hieraus ein Schaden für die Allgemeinheit oder für einen Einzelnen entsteht, mit Zuchthaus von drei bis zu zehn Jahren bestraft. Handelt es sich um eine Urkunde, die bis zum Beweis der Fälschung öffentlichen Glauben genießt, dann beträgt die Strafe Zuchthaus von fünf bis zu zwölf Jahren. Beglaubigte Abschriften von Urkunden, die nach dem Gesetz an die Stelle abhanden gekommener Originale treten, werden in dieser Beziehung wie Originale behandelt.

**§ 340.** Der Beamte, der in Ausübung seines Amtes bei der Anfertigung oder der Niederschrift einer Urkunde mit der Wahrheit nicht übereinstimmende Tatsachen oder Erklärungen als wahr oder als in seiner Gegenwart erfolgt, bescheinigt, oder der Erklärungen, zu deren Aufnahme er verpflichtet ist, nicht aufnimmt oder diese Erklärungen verfälscht, wird, wenn hieraus ein Schaden für die Allgemeinheit oder für einen Einzelnen entstehen kann, ebenfalls mit den in dem vorhergehenden Paragraphen festgesetzten Strafen bestraft.

**§ 341.** Der Beamte, der von einer nicht vorhandenen öffentlichen Urkunde eine angeblich beglaubigte Abschrift herstellt und unterschiebt, oder der, ohne das Original zu fälschen oder zu verfälschen, eine mit ihm nicht übereinstimmende Abschrift ausfertigt, wird mit Zuchthaus von drei bis zu acht Jahren bestraft. Handelt es sich um eine Urkunde, die bis zum Beweis der Fälschung öffentlichen Glauben genießt, so beträgt die Strafe Zuchthaus nicht unter vier Jahren.

Betrifft die Fälschung die Bestätigung der Richtigkeit des Inhalts einer öffentlichen Urkunde, so wird der Täter, wenn hieraus ein Schaden für die Allgemeinheit oder für einen Einzelnen entstehen kann, mit Gefängnis von einem Jahr bis zu fünf Jahren bestraft.

**§ 342.** Wer, ohne Beamter zu sein, eine öffentliche Urkunde in der im § 343 angegebenen Weise fälscht, wird mit Zuchthaus nicht über sieben Jahre bestraft.

Handelt es sich um eine Urkunde, die bis zum Beweis der Fälschung öffentlichen Glauben genießt, so beträgt die Strafe Zuchthaus von vier bis zu acht Jahren.

Wird die Fälschung der Abschrift einer öffentlichen Urkunde durch Unterschiebung einer Urkunde oder durch Ausstellung einer mit dem Original nicht übereinstimmenden Abschrift oder durch Fälschung einer echten Abschrift begangen, so tritt Zuchthausstrafe von drei Jahren ein.

Handelt es sich um eine Urkunde, die bis zum Beweis der Fälschung öffentlichen Glauben genießt, so beträgt die Strafe Zuchthaus von vier Jahren.

**§ 343.** Wer bei der Aufnahme einer amtlichen Urkunde dem Beamten über seinen oder den Stand eines anderen oder über andere Tatsachen, deren Richtigkeit durch die Urkunde bewiesen werden soll, falsche Angaben macht, wird, wenn hieraus ein Schaden für die Allgemeinheit oder für einen Einzelnen entstanden ist, mit Gefängnis von drei Monaten bis zu einem Jahr bestraft.

Handelt es sich um Beurkundung von Geburten, Heiraten und Todesfällen oder um Gerichtssachen, so beträgt die Strafe Gefängnis von sechs Monaten bis zu zwei Jahren.

**§ 344.** Wer in Handelsurkunden falsche Angaben über seine Person oder über die Person eines anderen macht, wird mit Gefängnis von drei Monaten bis zu einem Jahr bestraft.

**§ 345.** Wer eine private Urkunde ganz oder teilweise fälscht oder eine echte Privaturkunde verfälscht, so daß hieraus ein Schaden für die Allgemeinheit oder für einen Einzelnen entstehen kann, wird, wenn er diese falsche oder gefälschte Urkunde gebraucht oder wenn ein anderer sie mit seinem Wissen gebraucht, mit Gefängnis von einem Jahr bis zu drei Jahren bestraft.

**§ 346.** Wer, ohne an der Fälschung beteiligt zu sein, eine falsche Urkunde wissentlich gebraucht oder sonstwie aus ihr Vorteil zieht, wird, wenn es sich um eine öffentliche Urkunde handelt, nach § 343, und, wenn es sich um eine private Urkunde handelt, nach § 345 bestraft.

**§ 347.** Wer eines der in den vorhergehenden Paragraphen angeführten Vergehen begeht, um sich oder einem anderen ein Beweismittel für eine an sich wahre Tatsache zu verschaffen, wird, falls es sich um die Fälschung einer öffentlichen Urkunde handelt, mit Gefängnis von einem Monat bis zu zwei Jahren und bei Fälschung einer nichtöffentlichen Urkunde mit Gefängnis bis zu sechs Monaten bestraft.

**§ 348.** Wer eine Urkunde oder die Abschrift einer Urkunde, die nach dem Gesetz an die Stelle des abhanden gekommenen Originals tritt, ganz oder teilweise unterdrückt oder vernichtet, wird, wenn hieraus ein Schaden für die Allgemeinheit oder für einen Einzelnen entsteht, nach den einzelnen Vorschriften in den §§ 341, 344, 345 und 347 bestraft.

**§ 349.** Im Sinne der vorhergehenden Paragraphen gelten als Beamte alle diejenigen, die ermächtigt sind, Urkunden aufzunehmen, die vor Gerichten oder öffentlichen Behörden öffentlichen Glauben genießen.

Wechsel sowie durch Giro übertragbare oder auf den Inhaber lautende Handelsurkunden gelten als öffentliche Urkunden.

## Abschnitt 4.

## Fälschung von Personalausweisen, Zugehörigkeitsausweisen, Pässen, Erlaubnisscheinen, Bescheinigungen, Zeugnissen und Attesten.

**§ 350.** Mit Gefängnis von einem Monat bis zu acht Monaten wird bestraft:

1. wer Personalausweise, Zugehörigkeitsausweise, Pässe und Erlaubnisscheine fälscht;
2. wer derartige echte Bescheinigungen derart fälscht, daß er sie auf andere Personen bezieht als die, für die sie ausgestellt waren, oder andere Angaben über Ort und Zeit bescheinigt, oder wer die zu ihrer Gültigkeit und Wirksamkeit erforderlichen Bescheinigungen oder Bedingungen fälschlich als erfolgt oder erfüllt hinstellt;
3. wer von falschen oder gefälschten Zugehörigkeitsbescheinigungen, Personalausweisen, Pässen und Erlaubnisscheinen Gebrauch macht oder einem anderen zum Gebrauch überläßt.

**§ 351.** Wer sich bei der Ausstellung von Personalausweisen, Zugehörigkeitsausweisen, Erlaubnisscheinen und Pässen in diesen Urkunden einen falschen Namen oder Stand beilegen läßt, oder wer durch Zeugenaussage einem anderen dazu verhilft, solche falschen Urkunden zu erlangen, wird mit Gefängnis bis zu sechs Monaten und mit schwerer Geldstrafe bis zu fünfundvierzig Pfund bestraft.

**§ 352.** Der Beamte, der in Ausübung seines Amtes eines der in den vorhergehenden Paragraphen angegebenen Vergehen begeht oder irgendwie an der Begehung eines derartigen Vergehens teilnimmt, wird mit Gefängnis von sechs Monaten bis zu drei Jahren bestraft.

**§ 353.** Wer verpflichtet ist, polizeilicher Kontrolle unterliegende Register zu führen oder über seinen Geschäftsbetrieb der Polizei Anzeige zu erstatten, wird, wenn er die Register fälscht oder der Polizei falsche Anzeigen erstattet oder falsche Datierungen vornimmt, mit Gefängnis bis zu drei Monaten und mit schwerer Geldstrafe bis zu vierzig Pfund bestraft.

**§ 354.** Der Arzt, Apotheker oder Sanitätsbeamte, der aus Gefälligkeit falsche Bescheinigungen ausstellt, die einen öffentlichen Glauben genießen, wird mit schwerer Geldstrafe bis zu einhundert Pfund bestraft.

Wer eine solche falsche Bescheinigung gebraucht, unterliegt der gleichen Strafe. Wird auf Grund dieser falschen Bescheinigung eine nicht geisteskranke Person in einer Irrenanstalt aufgenommen und dort zurückbehalten, oder entsteht sonst ein erheblicher Schade, dann tritt Gefängnisstrafe von sechs Monaten bis zu drei Jahren ein.

Ist das in dem ersten Absatz genannte Vergehen gegen Hingabe von Geld oder Versprechung von Geld oder eines sonstigen Vorteils begangen worden, so ist die Strafe Gefängnis von drei Monaten bis zu zwei Jahren.

Ist der in dem zweiten Absatz bezeichnete erhebliche Schade entstanden, so beträgt die Dauer der Gefängnisstrafe ein Jahr bis zu fünf Jahren.

In jedem Falle ist noch auf schwere Geldstrafe von dreißig bis zu fünfzig Pfund zu erkennen.

Wer Geld oder einen sonstigen Vorteil gegeben, gewährt oder versprochen hat, wird mit Gefängnis von drei Monaten bis zu einem Jahr bestraft. Die hingegebenen Gelder oder sonstigen Gegenstände werden eingezogen.

**§ 355.** Der Beamte oder wer sonstwie zur Ausstellung einer Bescheinigung befugt ist, wird, wenn er in der Bescheinigung der Wahrheit zuwider die gute Führung oder die Bedürftigkeit oder einen sonstigen Zustand bescheinigt, um der Person, auf die sich die Bescheinigung bezieht, eine Vergünstigung zu erweisen, oder die private oder öffentliche Wohltätigkeit oder eine Anstellung oder ein Amt oder eine sonstige gesetzliche Vergünstigung oder Bevorzugung oder die Befreiung von einer Dienstleistung oder einem Amt zu erwirken, mit Gefängnis bis zu zwei Monaten und mit schwerer Geldstrafe bis zu vierzig Pfund bestraft.

**§ 356.** Wer, ohne die in den vorhergehenden beiden Paragraphen angegebenen Befugnisse zu besitzen, eine Bescheinigung fälscht oder eine echte Bescheinigung verfälscht, oder wer solche falschen oder gefälschten Bescheinigungen gebraucht, wird mit Gefängnis bis zu sechs Monaten bestraft.

**§ 357.** Wer, um eine Behörde zu täuschen, Zeugnisse, Bescheinigungen und Atteste, die an sich echt sind, vorlegt und fälschlich auf sich oder einen anderen bezieht, unterliegt der in dem vorhergehenden Paragraphen angegebenen Strafe.

Abschnitt 5.

**Betrügereien im Handel und bei einer Versteigerung.**

**§ 358.** Wer durch Veröffentlichung oder Verbreitung falscher Nachrichten oder mit anderen betrügerischen Mitteln auf offenem Markt oder auf einer Börse das Steigen oder Fallen von Arbeitslöhnen, von Preisen für Lebensmittel oder Waren oder von Kursen der am offenen Markte oder an Effekten-Börsen gehandelten Effekten hervorruft, wird mit Gefängnis von drei Monaten bis zu drei Jahren und mit schwerer Geldstrafe von einhundert bis zu fünfhundert Pfund bestraft.

Wird das Vergehen von amtlichen Maklern oder von Börsenmaklern begangen, dann beträgt die Strafe Gefängnis von einem Jahr bis zu fünf Jahren; außerdem ist auf zeitige Untersagung der Ausübung des Berufs oder Gewerbes sowie auf schwere Geldstrafe nicht unter fünfzig Pfund zu erkennen.

**§ 360.** Wer amtlich geeichte Maße oder Gewichte fälscht, wird, wenn hieraus ein Schade für die Allgemeinheit oder für einen Einzelnen entsteht, mit Gefängnis bis zu einem Monat und mit schwerer Geldstrafe bis zu fünfundzwanzig Pfund bestraft.

Wer falsche Maße oder Gewichte in einem offenen Laden gebraucht, wird mit Gefängnis bis zu drei Monaten und mit schwerer Geldstrafe bis zu fünfzig Pfund bestraft.

Wer einen offenen Laden besitzt, wird allein wegen des Besitzes von falschen Maßen und Gewichten mit schwerer Geldstrafe bis zu fünfzig Pfund bestraft.

**§ 361.** Wer unter Verletzung übernommener Verpflichtungen einen Mangel an Lebensmitteln und Gegenständen veranlaßt, die für eine amtliche Behörde, zum öffentlichen Nutzen oder zur Abwehr eines öffentlichen Notfalles dringend benötigt werden, wird mit Gefängnis von einem Jahr bis zu drei Jahren und mit schwerer Geldstrafe von fünfundzwanzig bis zu zweihundert Pfund bestraft.

Beruht die Nichtausführung der Verpflichtung auf Fahrlässigkeit, so beträgt die Strafe Gefängnis bis zu einem Jahr nebst schwerer Geldstrafe bis zu einhundert Pfund.

**§ 362.** Wer bei der Lieferung der in dem vorhergehenden Paragraphen angegebenen Lebensmittel an der Art, Menge oder Güte einen Betrug verübt, wird mit Gefängnis von sechs Monaten bis zu fünf Jahren und mit schwerer Geldstrafe von fünfundzwanzig bis zu zweihundert Pfund bestraft.

Wer bei der Lieferung anderer Bedürfnise für amtliche Behörden oder zum öffentlichen Nutzen einen Betrug verübt, wird mit Gefängnis bis zu zwei Jahren und mit schwerer Geldstrafe bis zu einhundert Pfund bestraft.

**§ 363.** Wer in seinem Handelsbetrieb dadurch den Käufer täuscht, daß er mit der Behauptung, es sei die gleiche Sache, eine andere Sache liefert oder eine ihrem Ursprung, ihrer Beschaffenheit oder ihrer Menge nach von der angebotenen oder vereinbarten verschiedene Sache liefert, wird mit Gefängnis bis zu sechs Monaten und mit schwerer Geldstrafe bis zu fünfzig Pfund bestraft.

Betrifft die Täuschung Kostbarkeiten, so beträgt die Strafe Gefängnis bis zu achtzehn Monaten und schwere Geldstrafe von nicht unter dreißig Pfund.

**§ 364.** Wer wissenschatfliche Entdeckungen oder Angaben über industrielle Herstellungsarten, zu deren Kenntnis er infolge seines Amtes oder Berufes gelangt ist, und zu deren Geheimhaltung er verpflichtet ist, verrät, wird auf Antrag des Geschädigten mit Gefängnis bis zu sechs Monaten und mit schwerer Geldstrafe von fünfzehn bis zu einhundert Pfund bestraft.

**§ 365.** Ist der Verrat der in dem vorhergehenden Paragraphen angegebenen Geheimnisse gegenüber einem in der Türkei nicht wohnhaften Ausländer oder seinem Agenten erfolgt, so beträgt die Strafe Gefängnis von einem Monat bis zu einem Jahr und schwere Geldstrafe von dreißig bis zu zweihundert Pfund.

**§ 366.** Wer bei den für Rechnung der Regierung stattfindenden Versteigerungen durch Gewalt oder durch Drohung, durch Versprechen oder Hingabe von Geschenken, durch Gewährung eines anderen Vorteils, durch heimliche Verabredung oder durch betrügerische Mittel andere Angebote verhindert oder stört oder andere Bieter veranlaßt, sich von Geboten zurückzuziehen, wird mit Gefängnis von drei Monaten bis zu einem Jahr und mit schwerer Geldstrafe von dreißig bis zu zweihundert Pfund bestraft. Wird die Tat von jemandem begangen, der nach dem Gesetz oder von der Regierung mit der Leitung der Versteigerung beauftragt ist, so beträgt die Strafe Gefängnis von einem Jahr bis zu drei Jahren nebst schwerer Geldstrafe von fünfzig bis zu vierhundert Pfund.

**§ 367.** Wer bei den durch Vermittlung einer amtlichen Behörde oder lediglich auf privatem Wege erfolgenden Versteigerungen oder Ausbietungen zwecks Kauf, Verkauf, Pachtung oder Verpachtung von beweglichen oder unbeweglichen Sachen auf eine der im vorhergehenden Paragraphen angeführten Weisen andere Angebote hindert oder stört oder andere Bieter veranlaßt, sich von Geboten zurückzuziehen, wird mit Gefängnis von einem Monat bis zu drei Monaten und mit schwerer Geldstrafe von dreißig bis zu einhundert Pfund bestraft.

**§ 368.** Wer sich oder einem anderen dafür, daß er bei einer Versteigerung oder Ausbietung nicht weiter bieten werde, Geld oder einen sonstigen Vorteil versprechen läßt und auf diese Weise bei einer öffentlichen Versteigerung einen Betrug begeht, wird mit Gefängnis bis zu sechs Monaten und mit schwerer Geldstrafe von dreißig bis zu fünfzig Pfund bestraft.

## Siebenter Teil.

# Vergehen gegen die öffentliche Wohlfahrt.

### Abschnitt 1.

### Brandstiftung, Überschwemmung, Versenkung und andere gemeingefährliche Vergehen.

**§ 369.** Wer ein Gebäude oder sonstige Bauten, noch nicht vom Erdboden getrennte Erzeugnisse, oder Anhäufungen von Lebensmitteln, oder Lebensmittelspeicher anzündet und ganz oder teilweise verbrennt, wird mit Zuchthaus von drei bis zu sechs Jahren bestraft.

**§ 370.** Wer Wohnhäuser oder öffentliche Gebäude, oder zum öffentlichen Nutzen bestimmte Orte, oder Betriebsräume, oder Lagerräume, oder Niederlagen brennbarer und entzündbarer Stoffe, oder Arsenale, Eisenbahnwagen, Bergwerke, oder Wälder anzündet und ganz oder teilweise verbrennt, wird mit zeitigem Zuchthaus nicht unter fünf Jahren bestraft.

**§ 371.** Sind die angezündeten Gebäude oder Erzeugnisse von geringem Wert, so trifft den Täter im Falle des § 369 Gefängnisstrafe von drei Monaten und im Falle des § 370 Gefängnisstrafe von sechs Monaten bis zu drei Jahren.

**§ 372.** Wer in der Absicht, die in den vorhergehenden Paragraphen angeführten Gebäude und Sachen ganz oder teilweise zu zerstören, Minen, Torpedos oder sonstige Maschinen oder Explosivstoffe aufstellt oder zur Entzündung bringt oder Explosivstoffe, die geeignet sind, diese Wirkung hervorzurufen, aufstellt oder anzündet, wird nach den Bestimmungen der vorhergehenden Paragraphen mit der Strafe für das Vergehen bestraft, das er zu begehen beabsichtigte.

**§ 373.** Wer durch vorsätzliche Herbeiführung einer Überschwemmung das Eigentum eines anderen einer Gefahr aussetzt, wird mit Zuchthaus von drei bis zu zehn Jahren bestraft.

Ist die Tat erfolgt, um das eigene Eigentum zu retten oder zu schützen, so ist die Strafe Gefängnis nicht unter einem Jahr.

**§ 374.** Wer vorsätzlich eine Überschwemmung herbeiführt, obwohl er weiß, daß dadurch das Leben eines anderen gefährdet wird, wird mit Zuchthaus nicht unter fünf Jahren bestraft. Ist durch die Überschwemmung der Tod eines anderen verursacht worden, so ist die Strafe lebenslanges Zuchthaus.

**§ 375.** Wer ohne Vorsatz eine Überschwemmung verursacht und dadurch Leben und Eigentum eines anderen gefährdet, wird mit Gefängnis bis zu einem Jahr bestraft. Ist durch die Tat der Tod eines anderen verursacht worden, so ist die Strafe Gefängnis nicht unter sechs Monaten.

**§ 376.** Wer dadurch, daß er Dämme, Deiche oder sonstige Werke, die zum Schutz der Allgemeinheit vor Überschwemmungen oder zur Abwehr von Unglücksfällen bestimmt sind, zerstört, die Gefahr einer Überschwemmung oder des Eintritts eines sonstigen Unglücksfalles hervorruft, wird mit Zuchthaus bis zu fünf Jahren bestraft.

Hat die Überschwemmung oder der Unglücksfall stattgefunden, so beträgt die Strafe Zuchthaus bis zu zehn Jahren.

**§ 377.** Wer Schiffe oder sonstige im Wasser schwimmende Fahrzeuge anzündet und verbrennt oder vorsätzlich versenkt, wird mit Zuchthaus von drei bis zu zehn Jahren bestraft.

**§ 378.** Wird eine der im vorhergehenden Paragraphen angeführten Taten gegen eine militärische Anstalt, ein Depot der Regierung, staatliche Arsenale, oder Fabriken, oder Schiffe begangen, so beträgt die Strafe Zuchthaus von sieben bis zu fünfzehn Jahren.

**§ 379.** Wer dadurch, daß er Feuerzeichen oder sonstige Seezeichen verändert oder von ihrem Liegeplatz entfernt oder dadurch, daß er falsche Zeichen gibt oder sonstige Arglist anwendet, ein Schiff der Gefahr des Unterganges aussetzt, wird mit Zuchthaus bis zu fünf Jahren bestraft.

Ist das Schiff infolge der Tat untergegangen, so wird die Strafe nach den Bestimmungen der beiden vorhergehenden Paragraphen festgesetzt.

**§ 380.** Wer, um die Löschung eines Brandes, die Rettung vor einer Überschwemmung oder einem Schiffbruch zu verhindern, die zur Löschung oder zum Schutz vor Unfällen bestimmten Geräte, Maschinen und Rettungsmittel verbirgt, zerstört oder unbrauchbar macht, wird mit Gefängnis von einem Jahr bis zu fünf Jahren bestraft.

**§ 381.** Die Bestimmungen der §§ 369, 370, 371, 372 und 377 kommen auch dann zur Anwendung, wenn jemand dadurch, daß er an seinem eigenen Gebäude oder seinem sonstigen Eigentum eine der in den vorhergehenden Paragraphen angegebenen Taten begeht, die Person oder das Eigentum eines anderen in der in den betreffenden Paragraphen angegebenen Weise verletzt oder gefährdet.

Ist die Tat begangen worden, um eine Versicherungssumme oder einen sonstigen unrechtmäßigen Vorteil zu erlangen, so tritt eine Erhöhung der Strafe um ein Sechstel bis um ein Drittel ein.

**§ 382.** Ist durch eine der in den §§ 369, 370, 371, 372, 377, 378, 379, 380, 381 angeführten Taten das Leben eines anderen gefährdet worden, so wird die Strafe um die Hälfte erhöht. In diesem Falle kann die Strafe den gesetzlichen Höchstbetrag überschreiten. Ist der Tod eines anderen verursacht worden, so ist die Strafe lebenslanges Zuchthaus.

**§ 383.** Wer durch Fahrlässigkeit, Unachtsamkeit, durch Unerfahrenheit in seinem Berufe oder Gewerbe, durch Nichtbeachtung von Gesetzen, Anordnungen oder Regeln einen Brand, Einsturz, Schiffsuntergang, Schiffbruch oder sonstigen gemeingefährlichen Unfall herbeiführt, wird mit Gefängnis bis zu dreißig Monaten und mit schwerer Geldstrafe bis zu einhundert Pfund bestraft.

Wird durch die Tat das Leben eines anderen gefährdet, so ist die Strafe Gefängnis von sechs Monaten bis zu fünf Jahren nebst schwerer Geldstrafe von fünfzig bis zu einhundertfünfzig Pfund. Ist der Tod eines anderen verursacht worden, so ist die Strafe Zuchthaus nicht über fünf Jahre nebst schwerer Geldstrafe von einhundert bis zu fünfhundert Pfund.

**§ 384.** Der Versuch eines der in diesem Abschnitt angeführten Vergehen wird, wenn das Vergehen selbst mit lebenslangem Zuchthaus bedroht ist, mit Zuchthaus nicht unter einem Jahr bestraft. In den übrigen Fällen ist auf die Hälfte bis zu zwei Drittel der für das vollendete Vergehen vorgesehenen Zuchthaus- oder Gefängnisstrafe zu erkennen.

## Abschnitt 2.

## Vergehen gegen Beförderungsmittel und gegen das Nachrichtenwesen.

**§ 385.** Wer dadurch, daß er vorsätzlich auf Eisenbahngeleise Gegenstände legt oder Eisenbahnweichen willkürlich öffnet oder schließt oder falsche Signale gibt oder durch sonstige Handlungen die Gefahr eines Unfalls entstehen läßt, wird mit Zuchthaus bis zu fünf Jahren bestraft.

Hat der Unfall stattgefunden, dann beträgt die Strafe Zuchthaus von fünf bis zu zehn Jahren.

**§ 386.** Hat die in dem vorhergehenden Paragraphen angeführte Tat die Verwundung oder die Tötung einer Person oder mehrerer Personen zur Folge gehabt, so wird im ersten Fall die Strafe bis um die Hälfte erhöht und im zweiten Fall ist auf Zuchthaus von fünfzehn bis zu zwanzig Jahren zu erkennen.

**§ 387.** Wer vorsätzlich Eisenbahngeleise, Lokomotiven, Waggons oder die für den Betrieb von Eisenbahnen bestimmten Geräte und Vorrichtungen beschädigt, wird mit Gefängnis von einem Monat bis zu fünf Jahren bestraft.

**§ 388.** Wer auf in Fahrt befindliche Züge feste oder entzündbare Gegenstände wirft oder Schüsse abgibt, wird mit Gefängnis bis zu drei Jahren bestraft.

**§ 389.** Wer durch Fahrlässigkeit, durch Unerfahrenheit in seinem Beruf oder Gewerbe oder durch Nichtbeachtung gesetzlicher Bestimmungen, Anordnungen oder Regel die Gefahr eines Unfalls auf der Eisenbahn entstehen läßt, wird mit Gefängnis von drei bis zu dreißig Monaten und mit schwerer Geldstrafe bis zu zweihundert Pfund bestraft. Hat der Unfall stattgefunden, dann beträgt die Strafe Zuchthaus bis zu fünf Jahren nebst schwerer Geldstrafe nicht unter fünfzig Pfund.

Wer in Eisenbahnwaggons Schüsse abgibt, wird, je nachdem ein Unfall stattgefunden hat oder nicht, nach den in diesem Paragraphen vorgesehenen beiden Bestimmungen bestraft.

**§ 390.** Wer zur Zeit öffentlicher Unruhen oder eines Aufruhrs eine oder mehrere der bestehenden Telegraphen- und Telephonleitungen zerstört oder sonstwie ihren Betrieb hindert, oder mit Gewalt oder auf sonstige Weise in Besitz nimmt, so daß der amtliche Verkehr und die amtliche Übermittlung von Nachrichten unterbrochen wird und die Absendung von Briefen sowie die Übermittlung telephonischer Gespräche verhindert wird, und wer sich, gleichfalls zur Zeit von öffentlichen Unruhen oder eines Aufruhrs, der Instandsetzung von Telephon- und Telegraphenleitungen gewaltsam widersetzt, wird mit zeitigem Zuchthaus und mit schwerer Geldstrafe von zweihundert bis zu tausend Pfund bestraft.

**§ 391.** Wer Einrichtungen, Geräte und Maschinen sowie Drähte für den Telephon- und Telegraphenverkehr beschädigt, oder wer die elektrischen Stromleitungen stört, oder wer auf sonstige Weise den Telegraphen- und Telephondienst hindert, wird mit Gefängnis von einem Monat bis zu fünf Jahren bestraft.

**§ 392.** Wer, abgesehen von den in den vorhergehenden Paragraphen angeführten Fällen die für den öffentlichen Verkehr zu Wasser oder zu Lande angelegten Wege und Anlagen ganz oder teilweise zerstört oder unbrauchbar macht, oder wer zu diesem Zweck die zur Sicherung der Beförderung dienenden Anlagen entfernt, wird mit Gefängnis von drei Monaten bis zu fünf Jahren bestraft.

**§ 393.** Im Sinne des Strafgesetzbuches sind unter Eisenbahnen sämtliche Anlagen zu verstehen, die auf Schienen laufen und mit Dampfkraft oder einem sonstigen Antrieb fortbewegt werden.

Abschnitt 3.

## Vergehen gegen die Gesundheit und Ernährung.

**§ 394.** Wer Wasser, das Menschen zum Trinken dient, und im allgemeinen Nahrungsmittel und Getränke für den Gebrauch von Menschen vergiftet oder sonstwie verunreinigt und dadurch Gefahr für die Gesundheit von Menschen herbeiführt, wird mit Zuchthaus von drei bis zu zehn Jahren bestraft.

**§ 395.** Wer zum Verkauf oder zur unentgeltlichen Abgabe bestimmte Nahrungsmittel und Getränke sowie Heilmittel fälscht oder verfälscht, so daß durch ihren Genuß eine mehr oder weniger große Gefahr für die Gesundheit entsteht, oder wer derartige Stoffe wissentlich verkauft oder abgibt, oder wer derartige verfälschte und gesundheitsschädliche Stoffe wissentlich in seinem Laden zum Verkauf feilhält, oder wer Stoffe, von denen er weiß, daß sie zur Fälschung oder Verfälschung von Nahrungs- und Heilmitteln dienen und zu diesem Zweck gebraucht werden sollen, verkauft oder beschafft, wird mit Gefängnis von drei Monaten bis zu fünf Jahren und mit schwerer Geldstrafe von einhundert bis zu fünfhundert Pfund bestraft. Die angeführten Stoffe sind einzuziehen.

**§ 396.** Wer Nahrungsmittel, Getränke oder sonstige Stoffe, die an sich weder gefälscht noch verfälscht sind, deren Genuß jedoch über eine bestimmte Menge hinaus gesundheitsschädlich ist, einem Kunden verkauft, ohne ihn auf die Gefahr aufmerksam zu machen, wird mit Gefängnis von sechs Monaten und mit schwerer Geldstrafe von fünfzehn bis zu fünfzig Pfund bestraft.

**§ 397.** Wer zum Verkauf von Arzneimitteln befugt ist und solche in einer den ärztlichen Vorschriften zuwiderlaufenden Art oder Beschaffenheit herstellt, wird mit Gefängnis von einem Monat bis zu sechs Monaten und mit schwerer Geldstrafe von fünfzehn bis zu fünfzig Pfund bestraft.

**§ 398.** Wer ein zwar nicht gesundheitschädliches, aber nicht als Heilmittel zu bezeichnendes Mittel als Heilmittel verkauft, wird mit Gefängnis von einem Monat bis zu sechs Monaten und mit schwerer Geldstrafe bis zu fünfzig Pfund bestraft.

**§ 399.** Wird eine der in den vorhergehenden Paragraphen angeführten Straftaten aus Fahrlässigkeit oder aus Unerfahrenheit in einem Beruf oder Gewerbe oder infolge Nichtbeachtung von Vorschriften, Anordnungen und Regeln begangen, so trifft den Täter folgende Strafe: Im Falle des § 394 Gefängnis von einem Monat bis zu einem Jahr und schwere Geldstrafe bis zu einhundert Pfund; im Falle des § 395 Gefängnis von einem Monat bis zu drei Monaten und schwere Geldstrafe bis zu fünfzig Pfund; im Falle der §§ 396 und 397 Gefängnis von zwei Monaten und schwere Geldstrafe bis zu fünfundfünfzig Pfund.

**§ 400.** Wird eine der in den Paragraphen 395, 396 und 398 angegebenen Straftaten von einem Arzt, einem Apotheker oder von einer sonstigen Person, die zur Ausübung ihres Berufes oder Gewerbes auf Grund der Vorschriften über den Schutz der öffentlichen Gesundheit einer amtlichen Erlaubnis bedarf, und zwar durch Mißbrauch des Berufes oder Gewerbes begangen, so ist auf folgende Strafen zu erkennen: Im Falle des § 395 auf Zuchthaus bis zu fünf Jahren und schwere Geldstrafe von fünfzig bis zu fünfhundert Pfund; im Falle des § 396 auf Gefängnis von sechs Monaten bis zu zwei Jahren und schwere Geldstrafe von fünfundzwanzig bis zu zweihundert Pfund; im Falle des § 398 auf Gefängnis von zwei Monaten bis zu einem Jahr und schwere Geldstrafe von fünfzehn bis zu fünfzig Pfund.

**§ 401.** Wer durch Herausgabe und Verbreitung falscher Nachrichten oder andere betrügerische Mittel den Mangel oder die Verteuerung von Gegenständen des täglichen Bedarfs wie Brot, Holz und Kohle herbeiführt, wird mit Gefängnis von einem Jahr bis zu fünf Jahren und mit schwerer Geldstrafe von einhundert bis zu fünfhundert Pfund bestraft.

**§ 402.** Zu den in den vorhergehenden Paragraphen festgesetzten Zuchthaus- oder Gefängnisstrafen tritt die Untersagung der Ausübung eines Berufes oder Gewerbes, die dem Täter als Mittel zur Begehung seines Vergehens gedient haben, für die gleiche Dauer.

**§ 403.** Wer Opium zu Arzneizwecken, Opium-Extrakt, Morphin und seine Salze, Diacetyl-Morphin und dessen Salze, Alkaloide von Opium — außer Codein — und deren Salze und Ableitungen, Kokain, dessen Salze und Ableitungen, Haschisch und Zusammensetzungen des Haschisch in die Türkei einschmuggelt oder innerhalb der Türkei von einem Ort zu einem anderen befördert oder befördern läßt oder unbefugt verkauft oder kauft oder zum Verkauf feilhält oder den Kauf oder Verkauf irgendwie vermittelt oder durch Beschaffung eines bestimmten Raumes oder auf sonstige Weise Kunden anzieht und dadurch den Verbrauch erleichtert, wird mit Gefängnis nicht unter sechs Monaten und mit schwerer Geldstrafe von einhundert bis eintausend Pfund bestraft.

**§ 404.** Wer die in dem vorhergehenden Paragraphen angeführten Stoffe abgibt, kauft, ansammelt oder besitzt, wird mit Gefängnis von zwei bis zu sechs Monaten und mit schwerer Geldstrafe von fünf bis zu fünfzig Pfund bestraft.

Sind mildernde Umstände vorhanden, so wird der Verbraucher nur mit schwerer Geldstrafe bestraft.

**§ 405.** Ist der Verbraucher der in dem § 403 angegebenen Stoffe ihrem gewohnheitsmäßigen Gebrauch verfallen, so ist er zur Überweisung in ein Krankenhaus bis zur ärztlich festgestellten Heilung für eine Dauer von nicht unter sechs Monaten zu verurteilen. Befindet sich der Verurteilte an einem Ort, der kein Krankenhaus besitzt, so ist er an einen Ort zu überführen, in dem sich ein Krankenhaus befindet.

Wer sich derartige Stoffe auf ein falsches Rezept hin verschafft, oder wer solche Stoffe einem Jugendlichen, von dem er weiß, daß er das zwanzigste Lebensjahr noch nicht vollendet hat, abgibt, wird mit Gefängnis nicht unter einem Jahr und mit schwerer Geldstrafe von einhundert bis zu eintausend Pfund bestraft.

**§ 406.** Personen, die, wie Ärzte, Sanitätsbeamte und Hebammen, ihren Beruf unter behördlicher Aufsicht ausüben, werden mit Gefängnis nicht unter zwei Jahren und mit schwerer Geldstrafe von zweihundert bis zu eintausend Pfund bestraft, wenn sie die in dem § 403 angegebenen Stoffe beschaffen und abgeben. Außerdem ist auf Untersagung der Ausübung des Berufes oder Gewerbes für die gleiche Dauer zu erkennen.

**§ 407.** Ist infolge der in den vorhergehenden Paragraphen angegebenen Straftaten eine Erkrankung oder eine sonstige Gesundheitsschädigung oder der Tod eines anderen erfolgt, so wird im ersten Fall die Strafe um ein Drittel bis um die Hälfte erhöht. Im zweiten Fall ist auf Zuchthaus nicht unter fünf Jahren zu erkennen.

Hat die Tat die Erkrankung mehrerer Personen zur Folge gehabt, so wird die für den obengenannten ersten Fall vorgesehene

Strafe verdoppelt. Sind mehrere Personen gestorben, so ist die Dauer der Zuchthausstrafe nicht unter zehn Jahren.

**§ 408.** Sämtliche Stoffe, die sich in Räumlichkeiten befinden, die zur Erleichterung des Gebrauchs der in dem § 403 angeführten Stoffe eröffnet worden sind, verfallen der Einziehung. Die Hälfte des Wertes dieser Stoffe erhält derjenige, der die Aufdeckung des Vergehens herbeigeführt hat.

**§ 409.** Wer andere Gifte als die in dem § 403 angeführten Stoffe unbefugt verkauft, wird mit Gefängnis von fünfzehn Tagen bis zu zwei Jahren und mit schwerer Geldstrafe von fünfzehn bis zu einhundert Pfund bestraft. Die Gifte werden eingezogen.

**§ 410.** Wer, ohne eine Konzession zu besitzen, eine Apotheke eröffnet, wird mit schwerer Geldstrafe von fünfzehn bis zu fünfzig Pfund bestraft. Die Apotheke wird geschlossen.

### Abschnitt 4.
### Gemeinsame Bestimmungen zu den vorhergehenden Abschnitten.

**§ 411.** Wird eines der in den ersten beiden Abschnitten dieses Teils angeführten Vergehen des Nachts oder zur Zeit einer allgemeinen Gefahr oder eines öffentlichen Notstandes oder zur Zeit öffentlicher Unruhen begangen, so wird die Strafe um ein Sechstel bis um ein Drittel erhöht.

**§ 412.** Wird eine der in den ersten beiden Abschnitten dieses Teils angeführten Straftaten von jemandem begangen, der mit den angegebenen Obliegenheiten beauftragt ist oder sonstwie amtliche Befugnisse ausübt oder mit der Überwachung der angegebenen Gegenstände beauftragt ist, so wird die Strafe um ein Sechstel bis um ein Drittel erhöht.

**§ 413.** Ist die Gefahr, die durch Begehung einer der in den ersten beiden Abschnitten dieses Teils angegebenen Straftaten entstanden ist, ziemlich unerheblich, oder hat der Täter sich ernstlich bemüht, die Folgen seiner Tat aufzuheben oder zu beschränken, so wird die Strafe um ein Drittel bis um die Hälfte ermäßigt.

## Achter Teil.
## Vergehen gegen die Sittlichkeit und die Familienordnung.

### Abschnitt 1.
### Notzucht, Verführung Jugendlicher und Verletzung des Schamgefühls.

**§ 414.** Wer ein Kind, das das fünfzehnte Lebensjahr noch nicht vollendet hat, oder eine Person, von der er weiß, daß sie geisteskrank oder nicht zurechnungsfähig oder geistesschwach ist, zur Unzucht mißbraucht, wird mit zeitigem Zuchthaus bestraft.

Ist diese Tat mit Gewalt oder durch Drohung oder durch Anwendung eines den Widerstand brechenden Mittels oder gegenüber einer Person begangen, die zum Widerstand unfähig ist, so beträgt die Strafe Zuchthaus nicht unter sieben Jahren.

**§ 415.** Wer an einer der in dem vorhergehenden Paragraphen angeführten Personen eine andere unzüchtige Handlung begeht, wird mit Gefängnis nicht unter einem Jahr, und wenn diese andere Handlung mit Gewalt oder durch Drohung oder mit einem den Widerstand brechenden Mittel oder gegenüber einer zum Widerstand unfähigen Person begangen wurde, mit Gefängnis nicht unter zwei Jahren bestraft.

**§ 416.** Wer mit Gewalt oder einem anderen den Widerstand brechenden Mittel eine Person, die das fünfzehnte Lebensjahr vollendet hat, oder wer ohne Anwendung von Gewalt oder eines sonstigen gewaltsamen Mittels eine zum Widerstand unfähige Person zur Unzucht mißbraucht, wird mit zeitigem Zuchthaus bestraft. Wer auf diese Weise eine andere unzüchtige Handlung begeht, wird mit Gefängnis nicht unter zwei Jahren bestraft.

**§ 417.** Werden die in den vorhergehenden Paragraphen angeführten Straftaten von mehr als einem oder von einem Verwandten aufsteigender Linie, von einem Vormund, einem Pfleger, Erzieher, Lehrer, Dienstboten oder von jemandem begangen, dem diese Person zur Erziehung, Beaufsichtigung oder Obhut übergeben worden ist, oder der auf diese Person Einfluß oder Gewalt ausübt, so wird die gesetzlich vorgesehene Strafe um die Hälfte erhöht.

**§ 418.** Hat die in dem vorhergehenden Paragraphen angeführte Tat den Tod der verletzten Person zur Folge, so tritt lebenslanges Zuchthaus oder Zuchthaus nicht unter fünfzehn Jahren ein.

Ist diese Tat mit einer Freiheitsstrafe von weniger als fünf Jahren bedroht, und hat sie für die verletzte Person die Erkrankung an einer ansteckenden Krankheit oder einen sonstigen schweren Schaden an der Gesundheit zur Folge, so ist auf Zuchthaus nicht unter fünf Jahren zu erkennen.

Ist das Vergehen mit einer Freiheitsstrafe von mehr als fünf Jahren bedroht, so wird die Strafe um ein Drittel bis um die Hälfte erhöht.

**§ 419.** Wer öffentlich schamlose Handlungen vornimmt, wird mit Gefängnis von fünfzehn Tagen bis zu zwei Monaten bestraft; wer öffentlich Unzucht treibt, wird mit Gefängnis von sechs Monaten bis zu einem Jahr bestraft. In beiden Fällen ist noch auf schwere Geldstrafe von fünfzehn bis zu fünfzig Pfund zu erkennen.

**§ 420.** Wer an öffentlichen oder an halböffentlichen für die Allgemeinheit leicht zugänglichen Orten in einer wider die gute Sitte verstoßenden Weise eine Frau zu unzüchtigen Zwecken tanzen läßt, sowie die Frau, die auf diese Weise aus freien Stücken tanzt, werden mit Gefängnis von einem Monat bis zu sechs Monaten bestraft.

**§ 421.** Wer weiblichen oder männlichen Jugendlichen unzüchtige Worte zuruft, wird mit Gefängnis von drei bis zu sechs Monaten bestraft.

**§ 422.** Wer als Frau verkleidet in Orte eindringt, an denen sich Frauen befinden, wird allein wegen dieser Tat mit Gefängnis von drei Monaten bis zu drei Jahren bestraft; begeht derjenige, der in dieser Verkleidung in einen solchen Ort eingedrungen ist, ein Vergehen, das nach dem Gesetz mit einer schwereren Strafe bedroht ist, so wird die schwerere Strafe gleichfalls verhängt.

**§ 423.** Wer eine Jungfrau, die das fünfzehnte Lebensjahr vollendet hat, unter Vorspiegelung der Heirat zum Beischlaf verführt, wird mit Gefängnis von sechs Monaten bis zu einem Jahr bestraft.

Findet die Heirat statt, so tritt Straffreiheit ein. Läßt sich der Ehemann jedoch innerhalb von fünf Jahren aus einem nicht stichhaltigen Grunde scheiden, so lebt die strafrechtliche Verfolgung wieder auf.

**§ 424.** Wegen der in diesem Abschnitt angeführten Vergehen kann das Gericht auch noch auf Schadensersatz erkennen, dessen Höhe sich nach den Verhältnissen und der sozialen Stellung der verletzten Person sowie nach der Schwere des Vergehens richtet.

**§ 425.** Die strafrechtliche Verfolgung findet in den Fällen der §§ 421, 422 und 423 nur auf Antrag statt.

**§ 426.** Wer unzüchtige Bücher, Zeitungen, Broschüren, Zeitschriften, Schriften, Abhandlungen und Anzeigen oder unzüchtige Zeichnungen, Abbildungen, Lichtbilder, Filmstreifen oder sonstige unzüchtige Gegenstände veröffentlicht, oder wer unzüchtige Werke in Theathern, Lichtspielhäusern oder sonstigen öffentlichen Orten aufführt, oder wer diese Werke oder unzüchtige Sprechplatten wissentlich verteilt oder verkauft oder verteilen oder verkaufen läßt, oder wer zum Zwecke des Verkaufs oder der Verteilung oder der Veröffentlichung unzüchtige Zeichnungen, Bilder, Gravierungen anfertigt, druckt, vervielfältigt oder unzüchtige Sprechplatten herstellt oder alles dieses herstellen läßt oder einführt oder ausführt oder in der Türkei von einem Ort zu einem anderen befördert, oder alles dieses ausführen läßt, oder wer alles dieses irgendwie vermittelt, oder wer sonstwie mitwirkt, um den Handel mit diesen Werken zu erleichtern, oder wer Anzeigen erläßt, wie diese Werke mittelbar oder unmittelbar beschafft werden können, oder wer zu diesem Zweck an öffentlichen Orten Anpreisungen vornimmt, wird mit Gefängnis von einem Monat bis zu zwei Jahren und mit schwerer Geldstrafe von fünfzehn bis zu fünfhundert Pfund bestraft.

**§ 427.** Wer zwecks Veröffentlichung oder Verteilung unzüchtige Bücher, Abhandlungen, Schriften oder Anzeigen verfaßt, wird ebenso wie der verantwortliche Verleger einer Zeitung oder einer Zeitschrift, in der unzüchtige Abhandlungen oder Zeichnungen veröffentlicht sind, nach den Bestimmungen des vorhergehenden Paragraphen bestraft.

Die in diesem und dem vorhergehenden Paragraphen angeführten Schriften und Gegenstände werden eingezogen und vernichtet.

**§ 428.** Wer öffentlich unzüchtige Lieder vorträgt, oder wer öffentlich unzüchtige Sprechplatten spielen läßt, oder wer Zeitungen, Broschüren oder sonstige Schriften mit Anpreisungen verkauft, die wider die gute Sitte verstoßen oder die den Ruf und die Ehre eines anderen oder einer Körperschaft verletzen, wird mit Gefängnis von einem Monat bis zu sechs Monaten und mit schwerer Geldstrafe von dreißig bis zu fünfzig Pfund bestraft.

## Abschnitt 2.

## Entführung von Mädchen, Frauen und Männern.

**§ 429.** Wer einen anderen mit Gewalt oder durch Drohung oder mit List entführt, wird nach den folgenden Bestimmungen bestraft:

**§ 430.** Ist der Entführte ein Knabe, der das fünfzehnte Lebensjahr noch nicht vollendet hat, so ist die Strafe Gefängnis von zwei bis zu drei Jahren.

Ist die entführte Person ein Mädchen oder eine Frau unter fünfzehn Jahren, so wird der Täter mit zeitigem Zuchthaus bestraft.

Ist die entführte Person, männlichen oder weiblichen Geschlechts, zur Unzucht mißbraucht worden, so wird der Täter mit Zuchthaus nicht unter zehn Jahren bestraft.

**§ 431.** Ist die entführte Person, männlichen oder weiblichen Geschlechts, über fünfzehn Jahre alt, so wird der Täter mit Gefängnis von einem Jahr bis zu drei Jahren bestraft.

Ist die entführte Frauensperson verheiratet und ist an ihr eine Notzucht begangen worden, so wird der Täter mit Zuchthaus nicht unter fünf Jahren bestraft.

**§ 432.** Setzt der Täter die entführte Person spätestens innerhalb von vierundzwanzig Stunden, ohne irgendwie eine Ausschreitung begangen zu haben, freiwillig wieder in Freiheit, indem er sie in das Haus, aus dem er sie entführt hat, oder in das Haus, wo ihre Familie wohnt, zurückbringt, oder indem er sie an einen sonstigen sicheren Ort bringt, von wo aus die entführte Person von ihrer Familie wieder in Empfang genommen werden kann, so ist die Strafe, und zwar ohne Berücksichtigung des Alters, Gefängnis von einem Monat bis zu einem Jahr.

**§ 433.** Wird die Entführung nur zum Zweck der Heirat unternommen und hat sonstwie keine Ausschreitung stattgefunden, so werden die Strafen um ein Drittel bis um die Hälfte ermäßigt.

**§ 434.** Hat sich der Täter mit dem entführten Mädchen oder der entführten Frau verheiratet, so erlischt die Strafverfolgung, wenn die entführte Person, sofern sie das achtzehnte Lebensjahr vollendet hat, den Strafantrag zurücknimmt; bei Personen, die das achtzehnte Lebensjahr noch nicht vollendet haben, erfolgt die Zurücknahme des Strafantrages mit Einwilligung des gesetzlichen Vertreters oder, wenn ein solcher nicht vorhanden ist, mit Einwilligung des Richters. Ist bereits ein Urteil ergangen, so wird die Vollstreckung ausgesetzt.

Ist bis zum Ablauf der Verjährungsfrist auf Veranlassung des Ehemanns und ohne stichhaltigen Grund die Scheidung ausgesprochen worden, so lebt die strafrechtliche Verfolgung wieder auf. Das früher etwa ergangene Urteil wird vollstreckt.

Die Bestimmungen dieses Paragraphen gelten auch für die §§ 414, 415 und 416. Das Erlöschen der strafrechtlichen Verfolgung sowie die Aussetzung der Strafvollstreckung kommt auch dem Mittäter und dem Gehilfen zugute.

Abschnitt 3.

## Kuppelei.

**§ 435.** Wer ein Kind, das das fünfzehnte Lebensjahr noch nicht vollendet hat, der Unzucht zuführt oder ihm hierzu Vorschub leistet, wird mit Gefängnis nicht unter zwei Jahren und mit schwerer Geldstrafe von einhundert bis zu fünfhundert Pfund bestraft.

Ist die Zuführung zur Unzucht von Verwandten aufsteigender Linie, Geschwistern, Vormündern, Pflegern, Lehrern, Erziehern oder Dienstboten oder von Personen begangen, deren Obhut das Kind anvertraut ist, so wird der Täter mit zeitigem Zuchthaus bestraft.

Ist eine Person der Unzucht zugeführt worden, die das fünfzehnte Lebensjahr, aber noch nicht das achtzehnte Lebensjahr vollendet hat, so wird der Täter mit Gefängnis von sechs Monaten bis zu zwei Jahren und mit schwerer Geldstrafe von fünfzig bis zu zweihundert Pfund bestraft.

Ist die Zuführung zur Unzucht von einer der im zweiten Absatz dieses Paragraphen angeführten Personen begangen worden, so wird der Täter mit Gefängnis nicht unter zwei Jahren und mit schwerer Geldstrafe von einhundert bis zu fünfhundert Pfund bestraft.

Der Ehegatte, Eltern oder Geschwister, die ein Mädchen oder eine Frau, die das achtzehnte Lebensjahr vollendet haben, der Unzucht zuführen, werden mit Gefängnis von sechs Monaten bis zu zwei Jahren bestraft.

**§ 436.** Wer zu unzüchtigen Zwecken eine Jungfrau oder eine Frau, die das achtzehnte Lebensjahr noch nicht vollendet haben, und zwar selbst mit ihrer Zustimmung, oder wer eine Jungfrau oder eine Frau, die das achtzehnte Lebensjahr vollendet haben, mit Gewalt oder durch Drohung oder durch Aufwendung eines Einflusses oder mit List oder vermittels Täuschung einem anderen zuführt oder zu diesem Zweck von einem Ort zu einem anderen bringt, wird mit Gefängnis von einem Jahr bis zu drei Jahren und mit schwerer Geldstrafe von fünfzig bis zu fünfhundert Pfund bestraft.

Ist diese Tat an einer Jungfrau oder Frau, die das achtzehnte Lebensjahr noch nicht vollendet haben, mittels Täuschung oder mit Gewalt oder durch Drohung oder durch Aufwendung eines Einflusses oder von den Eltern, den Geschwistern, sonstigen Verwandten aufsteigender Linie, dem Ehegatten, dem Vormund, Pfleger, Lehrer, Erzieher, einem Dienstboten oder von jemandem, in dessen Obhut die Frau oder die Jungfrau gegeben war, begangen worden, so tritt Zuchthaus nicht unter fünf Jahren ein.

## Abschnitt 4.

## Gemeinsame Bestimmungen zu den vorhergehenden Abschnitten.

**§ 437.** Verwandte aufsteigender Linie, die wegen eines der in den vorhergehenden Abschnitten angeführten Vergehens verurteilt werden, verlieren die ihnen nach dem Gesetz zustehende elterliche Gewalt über die Person und das Eigentum derjenigen, an denen sie sich vergangen haben; der Vormund, der wegen eines solchen Vergehens verurteilt ist, wird der Vormundschaft entsetzt.

**§ 438.** Ist die Notzucht oder die Entführung an einer Frau begangen, die gewerbsmäßig Unzucht treibt, so werden die in den diesbezüglichen Paragraphen vorgesehenen Strafen bis um zwei Drittel ermäßigt.

**§ 439.** Ist die gewaltsam entführte Person verletzt worden, so wird die Strafe je nach der Schwere der Verletzung um ein Viertel bis um die Hälfte erhöht. Ist der Tod der entführten Person verursacht worden, so wird der Täter mit Zuchthaus nicht unter fünfzehn Jahren bestraft.

## Abschnitt 5.

## Ehebruch.

**§ 440.** Die Ehefrau, die die Ehe bricht, wird mit Gefängnis von drei bis zu dreißig Monaten bestraft. Die gleiche Strafe trifft den Mitschuldigen der Ehebrecherin.

**§ 441.** Der Ehemann, der in dem Haus, das er mit seiner Ehefrau bewohnt, oder an einem anderen Orte, jedoch so, daß es allgemein bekannt ist, mit einer anderen Frau, ohne mit ihr verheiratet zu sein, in ehelicher Gemeinschaft lebt, wird mit Gefängnis von drei bis zu dreißig Monaten bestraft.

**§ 442.** Ist das in dem vorhergehenden Paragraphen angeführte Vergehen zu einer Zeit begangen worden, als die eheliche Gemeinschaft zwischen den Ehegatten bei Fortdauer der Ehe gerichtlich ausgesetzt war, oder hatte der eine Ehegatte den anderen verlassen, so beträgt die Strafe in beiden Fällen Gefängnis bis zu drei Monaten.

**§ 443.** Die strafrechtliche Verfolgung wegen der in den vorhergehenden Paragraphen angeführten Vergehen findet nur auf Antrag des Ehegatten statt. Diese Bestimmung gilt auch für die Mittäter.

**§ 444.** Die Zurücknahme des Strafantrages ist auch nach Erlaß des Urteils zulässig. In diesem Falle fällt die Vollstreckung der Strafe nebst ihren Folgen fort. Der Tod eines der Ehegatten läßt die strafrechtliche Verfolgung erlöschen.

### Abschnitt 6.

### Personenstandsfälschung.

**§ 445.** Wer dadurch, daß er ein Kind verbirgt oder ein Kind unterschiebt, den Personenstand dieses Kindes unterdrückt oder fälscht, wird mit Gefängnis von einem Jahr bis zu fünf Jahren bestraft.

**§ 446.** Wer, abgesehen von den in dem vorhergehenden Paragraphen angeführten Fällen, ein eheliches oder uneheliches und als solches anerkanntes Kind unter Verheimlichung seines Personenstandes in einem Waisenhaus oder in einer sonstigen Anstalt niederlegt oder es an einer sonstigen öffentlich sichtbaren Stelle aussetzt, um es von einem Wohltäter aufnehmen zu lassen, wird mit Gefängnis von drei Monaten bis zu zwei Jahren bestraft.

Ist der Täter ein Verwandter aufsteigender Linie des Kindes, so ist die Strafe Gefängnis von einem Jahr bis zu drei Jahren.

**§ 447.** Begeht der Täter eines der in den vorhergehenden Paragraphen angeführten Vergehen, um seine eigene Ehre oder die Ehre seiner Ehefrau, seiner Mutter, seiner Schwester, oder die Ehre eines seiner Kinder oder seiner an Kindes Statt angenommenen Tochter zu retten, so beträgt die Strafe Gefängnis von einem Monat bis zu drei Jahren.

## Neunter Teil.

## Vergehen gegen Personen.

### Abschnitt 1.

### Tötung eines Menschen.

**§ 448.** Wer einen anderen vorsätzlich tötet, wird mit Zuchthaus von fünfzehn bis zu achtzehn Jahren bestraft.

**§ 449.** Die Tötung wird mit Zuchthaus nicht unter achtzehn Jahren bestraft, wenn sie begangen ist:

1. an Ehegatten, Geschwistern, an dem Adoptivvater, an der Adoptivmutter, an Adoptivkindern, an dem Schwiegervater, der Schwiegermutter, an der Braut;
2. an einem Staatsbeamten bei oder wegen Ausübung seiner Amtsbefugnisse;
3. mit Gift.

**§ 450.** Die Tötung wird mit dem Tode bestraft, wenn sie begangen ist:

1. an der Mutter, an dem Vater, an der Großmutter oder an dem Großvater;
2. an einem Mitglied der Großen Nationalversammlung;
3. aus Verrohung oder unter Folterung oder mit Grausamkeit;
4. mit Überlegung;
5. von mehr als einer Person gemeinsam;
6. mit einem der im ersten Abschnitt des siebenten Teils angeführten Mittel, wie Brandstiftung, Überschwemmung oder Versenkung;
7. um ein anderes Vergehen vorzubereiten, zu erleichtern oder zu begehen, selbst wenn dieses andere Vergehen nicht begangen worden ist;
8. um unmittelbar nach Begehung eines anderen Vergehens sich den Vorteil aus diesem Vergehen zu sichern, oder um Vorbereitungen zu verbergen, die in dieser Absicht unternommen sind;
9. um ein Vergehen zu verbergen, oder um Spuren oder Beweisstücke dieses Vergehens zu unterdrücken, oder um sich oder einen anderen der Strafe zu entziehen.

**§ 451.** Ist der Tod infolge des Zusammentreffens von Umständen, die vor Begehung der Tat vorhanden, aber dem Täter nicht bekannt waren, oder infolge des Zusammentreffens von Umständen, die von dem Täter nicht vorhergesehen werden konnten, erfolgt, so tritt an die Stelle der Todesstrafe Zuchthaus nicht unter fünfzehn Jahren und an die Stelle des lebenslangen Zuchthauses oder an die Stelle des Zuchthauses von mehr als fünfzehn Jahren Zuchthaus nicht unter zehn Jahren.

**§ 452.** Wer, ohne den Vorsatz der Tötung, einen anderen so am Körper verletzt, daß er infolge der Verletzung stirbt, wird im Falle des § 448 mit zeitigem Zuchthaus nicht unter fünf Jahren, im Falle des § 449 mit zeitigem Zuchthaus nicht unter sieben Jahren und im Falle des § 450 mit zeitigem Zuchthaus nicht unter zehn Jahren bestraft.

Ist der Tod infolge des Zusammentreffens von Umständen, die vor Begehung der Tat vorhanden, aber dem Täter nicht bekannt waren, oder infolge Zusammentreffens von Umständen, die von dem Täter nicht vorhergesehen werden konnten, erfolgt, so beträgt die Strafe im Falle des § 448 Zuchthaus nicht unter drei Jahren, im Falle des § 449 Zuchthaus nicht unter fünf Jahren und im Falle des § 450 Zuchthaus nicht unter sieben Jahren.

**§ 453.** Ist die vorsätzliche Tötung an einem unehelichen, noch nicht in die Zivilstandsregister eingetragenen Kinde innerhalb von fünf Tagen nach der Geburt begangen, um die eigene Ehre oder die Ehre der Ehefrau, der Mutter, der Tochter, der Enkelin, der Adoptivtochter, oder der Schwester zu retten, so beträgt die Strafe Zuchthaus von fünf bis zu zehn Jahren.

**§ 454.** Wer einen anderen zum Selbstmord verleitet oder ihm hierzu Beistand leistet, wird, wenn der Selbstmord stattgefunden hat, mit Zuchthaus von drei bis zu zehn Jahren bestraft.

**§ 455.** Wer durch Fahrlässigkeit, durch Unerfahrenheit in seinem Beruf oder Gewerbe oder durch Nichtbeachtung von Vorschriften, Anordnungen oder Regeln den Tod eines anderen verursacht, wird mit Gefängnis von einem Jahr bis zu vier Jahren und mit schwerer Geldstrafe von dreißig bis zu zweihundertfünfzig Pfund bestraft.

Wird durch die Tat der Tod mehrerer Personen oder der Tod einer Person und daneben die Körperverletzung einer Person oder mehrerer Personen verursacht, und handelt es sich dabei um eine Körperverletzung im Sinne des § 456 Absatz 2, so ist die Strafe Gefängnis von zwei bis zu acht Jahren nebst schwerer Geldstrafe nicht unter zweihundert Pfund.

Abschnitt 2.

## Körperverletzung.

**§ 456.** Wer, ohne den Vorsatz zur Tötung, einen anderen am Körper verletzt oder an der Gesundheit oder an den Geisteskräften schädigt, wird mit Gefängnis von einem Monat bis zu einem Jahr bestraft.

Die Strafe beträgt Gefängnis von einem Jahr bis zu fünf Jahren, wenn die Tat dauernde Schwächung eines Sinnes oder eines Gliedes oder eine dauernde Sprachstörung, oder ein sichtbares Zeichen im Gesicht oder eine zwanzig Tage oder mehr dauernde körperliche oder geistige Erkrankung oder für eine gleiche Zeit die Unfähigkeit zur Ausübung der gewohnten Tätigkeit zur Folge hat oder eine Lebensgefahr hervorgerufen hat, oder wenn die Tat an einer schwangeren Frau begangen wurde und dadurch eine vorzeitige Entbindung stattgefunden hat.

Die Strafe beträgt Gefängnis von fünf bis zu zehn Jahren, wenn die Tat eine bestimmt oder voraussichtlich unheilbare Erkrankung oder Geistesstörung oder den Verlust eines Sinnes, einer Hand, oder eines Beines oder des Sprachvermögens oder der Zeugungsfähigkeit oder des Gebrauchs eines Gliedes oder eine dauernde Verunstaltung des Gesichts zur Folge hat, oder wenn sie an einer schwangeren Frau begangen und dadurch eine Fehlgeburt verursacht wurde.

Abgesehen von den im ersten Absatz dieses Paragraphen und im folgenden Paragraphen angeführten Fällen findet eine strafrechtliche Verfolgung nur auf Antrag des Verletzten statt, wenn die Tat weder eine Erkrankung noch eine Unterbrechung der gewohnten Tätigkeit zur Folge hat, oder wenn die Erkrankung oder die Unterbrechung nicht länger als zehn Tage dauert; in diesen Fällen beträgt die Strafe Gefängnis von einem Monat bis zu drei Monaten oder schwere Geldstrafe bis zu einhundert Pfund.

**§ 457.** Tritt zu den im § 456 angegebenen Taten einer der im § 449 Nr. 2 und § 450 Nr. 2 angegebenen Umstände hinzu, oder wird die Tat mit offen oder verborgen getragenen Waffen oder mit ätzenden Stoffen begangen, so wird die Strafe um ein Sechstel bis um ein Drittel erhöht.

**§ 458.** Geht in den in den vorhergehenden Paragraphen angeführten Fällen der Erfolg der Tat über den vom Täter beabsichtigten Erfolg hinaus, so wird die Strafe um ein Drittel bis um die Hälfte ermäßigt.

**§ 459.** Wer durch Fahrlässigkeit oder durch Unerfahrenheit in seinem Beruf oder Gewerbe oder durch Nichtbeachtung von Vorschriften, Anordnungen oder Regeln einen anderen am Körper verletzt oder an der Gesundheit oder an den Geisteskräften schädigt, wird wie folgt bestraft:

1. mit Gefängnis bis zu drei Monaten und mit schwerer Geldstrafe bis zu fünfzig Pfund im Falle des ersten und letzten Absatzes des § 456; die Verfolgung findet nur auf Antrag statt;
2. mit Gefängnis von drei bis zu zwanzig Monaten und mit schwerer Geldstrafe von einhundertfünfzig bis zu fünfhundert Pfund im Falle des zweiten und dritten Absatzes des § 456;
3. sind mehrere Personen verletzt, so beträgt die Strafe im Falle zu Nr. 1 Gefängnis bis zu sechs Monaten und schwere Geldstrafe bis zu zweihundert Pfund und im Falle zu Nr. 2 Gefängnis von sechs bis zu dreißig Monaten und schwere Geldstrafe nicht unter einhundertfünfzig Pfund.

**§ 460.** In den Fällen der §§ 456 und 459, wo die strafrechtliche Verfolgung nur auf Antrag stattfindet, erlischt die strafrechtliche Verfolgung, wenn der Strafantrag vor Rechtskraft des Urteils zurückgenommen wird.

Abschnitt 3.

## Gemeinsame Bestimmungen zu den vorhergehenden Abschnitten.

**§ 461.** Straffrei bleibt, wer aus den unten angeführten Gründen gezwungen war, eine der in den vorhergehenden beiden Abschnitten angeführten Straftaten zu begehen und zwar

1. wenn er die Tat begangen hat, um sein Eigentum gegen den Täter einer der in den §§ 495, 496, 497 und 499 angeführten Taten oder gegen eine Plünderung zu schützen;
2. wenn er die Tat begangen hat, um jemanden abzuwehren, der in ein Wohnhaus oder in ein bewohntes Haus oder dessen Nebenräume mittels Leitern, mittels Durchbruch durch Mauern oder Türen einbricht, oder um jemanden abzuwehren, der die genannten Häuser und Nebengebäude anzündet; Voraussetzung ist, daß die Tat zur Nachtzeit geschieht, oder daß das Haus, wenn die Tat in diesem begangen wird, sich in einer einsamen Gegend befindet. Außerdem ist Voraussetzung, daß die Bewoh-

ner des Hauses sich nach verständigem Ermessen bedroht fühlen mußten.

Die Strafe wird um ein Drittel bis um die Hälfte unter Umwandlung von Zuchthaus in Gefängnis ermäßigt, wenn in dem zu Nr. 1 genannten Fall die Verteidigung überschritten wird, oder wenn im Fall 2 die Voraussetzungen wie Anlegung von Leitern an Häusern und Nebengebäuden, Durchbruch durch Türen oder Mauern nicht vorhanden waren.

**§ 462.** Werden die in den vorhergehenden beiden Abschnitten angeführten Taten von einem der Ehegatten, von einem Verwandten aufsteigender Linie, von dem Bruder oder von der Schwester an einem der Ehegatten, oder an der Schwester, oder an einem Verwandten absteigender Linie oder an dem Mitschuldigen oder an beiden bei Abfassung auf frischer Tat des Ehebruchs oder des außerehelichen Beischlafs oder bei Abfassung in einem Zustand, der zweifelsfrei auf die beabsichtigte oder bereits begangene Ausübung des Ehebruchs oder außerehelichen Beischlafs schließen läßt, begangen, so wird die Strafe auf ein Achtel ermäßigt, wobei an Stelle von Zuchthaus Gefängnis tritt. An die Stelle der Todesstrafe tritt Gefängnis von zwei bis zu fünf Jahren.

**§ 463.** Ist eines der in den §§ 448, 449, 450, 456 und 457 angeführten Vergehen von mehreren gemeinsam begangen worden, und hat der eigentliche Täter nicht mit Sicherheit festgestellt werden können, so wird jeder mit der für die Tat vorgesehenen Strafe bestraft, wobei die Strafe jedoch um ein Drittel bis um die Hälfte ermäßigt wird. An die Stelle der Todesstrafe tritt Zuchthaus nicht unter zehn Jahren. Diese Bestimmung findet keine Anwendung gegen denjenigen, der die Tat selbst und unmittelbar begangen hat.

**§ 464.** Unbeschadet der Bestimmungen des vorhergehenden Paragraphen und unbeschadet der Verwirkung einer schwereren Strafe durch denjenigen, der die Tat selbständig begangen hat, wird jeder, der bei einer Schlägerei, in der ein anderer getötet oder verletzt wird, an diesen anderen Hand angelegt hat, nach folgenden Bestimmungen bestraft:

1. mit Gefängnis von einem Jahr bis zu fünf Jahren, wenn der andere getötet oder tödlich verletzt worden ist;
2. in den übrigen Fällen mit Gefängnis bis zu zwei Jahren, wobei ein Drittel der Strafe nicht überschritten werden darf, die zu verhängen wäre, wenn er das Vergehen selbständig begangen hätte;
3. mit Gefängnis bis zu sechs Monaten, wenn er nur an der Schlägerei teilgenommen hat, ohne an den Verletzten oder Getöteten selbst Hand angelegt zu haben;
4. mit einer Erhöhung der oben festgesetzten Strafen um ein

Drittel, wenn er zur Entstehung der Schlägerei selbst Veranlassung gegeben hat.

**§ 465.** Wer von einem anderen oder von einer Gesellschaft angestellt ist und während der Ausübung seiner Obliegenheiten aus dem in den §§ 455 und 459 an dritter Stelle angegebenen Grunde (Anmerkung: d. h. infolge Nichtbeachtung von Vorschriften, Anordnungen und Regeln) ein Vergehen begeht, so haftet der andere oder die Gesellschaft für den Schadensersatz.

**§ 466.** Wer während einer Schlägerei zur Einschüchterung eine Schußwaffe zieht, wird mit Gefängnis bis zu sechs Monaten, und, wenn er die Schußwaffe abgefeuert hat, mit Gefängnis bis zu einem Jahr bestraft.

**§ 467.** Auf Antrag ist wegen der in den vorhergehenden beiden Abschnitten begangenen Vergehen noch besonders auf Schadensersatz und Entschädigung zu erkennen.

## Abschnitt 4.

## Abtreibung.

**§ 468.** Eine Frau, die ihre Frucht mit Mitteln oder Arzneimitteln tötet oder die Tötung durch einen anderen zuläßt, wird mit Gefängnis von sechs Monaten bis zu drei Jahren bestraft.

**§ 469.** Wer einer Frau mit ihrer Einwilligung die Frucht durch Anwendung von Mitteln abtreibt, wird mit Gefängnis von einem Jahr bis zu drei Jahren bestraft.

Ist infolge der Abtreibung oder infolge der zur Abtreibung angewandten Mittel der Tod der Frau eingetreten, so ist die Strafe Zuchthaus von vier bis zu sieben Jahren; ist der Tod deswegen eingetreten, weil der andere ein gefährlicheres Mittel angewandt hatte als das, in dessen Gebrauch die Frau eingewilligt hatte, so ist die Strafe Zuchthaus von fünf bis zu zehn Jahren.

**§ 470.** Wer bei einer Frau, von der er weiß, daß sie schwanger ist, ohne ihre Einwilligung ein zur Abtreibung bestimmtes Arzneimittel oder sonstiges Mittel anwendet, oder wer diese Frau schlägt, verletzt oder sonstwie behandelt, wird, wenn dadurch die Abtreibung erfolgt, mit Zuchthaus von sieben bis zu zehn Jahren bestraft.

Ist infolge der Abtreibung oder infolge der zu diesem Zweck angewandten Mittel der Tod der Frau eingetreten, so ist die Strafe Zuchthaus nicht unter fünfzehn Jahren.

Ist der Täter der Ehemann der Frau, so werden die in diesem Paragraphen festgesetzten Strafen um ein Sechstel erhöht.

**§ 471.** Ist der Täter eines der in den vorhergenannten Paragraphen angegebenen Vergehen Angehöriger eines Berufs oder Gewerbes, dessen Ausübung zum Schutz der öffentlichen Gesundheit einer behördlichen Aufsicht unterliegt, und hat der Täter die für die Abtreibung bestimmten Mittel angegeben oder angewendet, so werden die in den vorhergehenden Paragraphen angeführten Strafen um ein Sechstel erhöht, wenn infolge der Tat der Tod der Frau eingetreten ist.

**§ 472.** Wer die Abtreibung vornimmt oder vornehmen läßt, um seine eigene Ehre oder die Ehre seiner Frau, seiner Mutter, seines Kindes oder seiner Schwester zu retten, erhält eine Ermäßigung der obengenannten Strafe um ein Drittel bis um zwei Drittel.

Abschnitt 5.

## Aussetzung von Kindern und hilflosen Personen sowie Nichtleistung von Beistand an Personen, die sich in Lebensgefahr befinden.

**§ 473.** Wer ein Kind unter zwölf Jahren oder eine Person, die infolge einer körperlichen oder geistigen Erkrankung hilflos ist, vorsätzlich aussetzt, wird, wenn ihm die Obhut über das Kind oder über die Person zusteht, mit Gefängnis von drei bis zu dreißig Monaten bestraft.

Erleidet der Ausgesetzte infolge der Aussetzung einen schweren Schaden an der Gesundheit oder eine Geistestörung, so ist die Strafe Zuchthaus bis zu fünf Jahren.

Wird durch die Aussetzung der Tod herbeigeführt, so ist die Strafe Zuchthaus bis zu zehn Jahren.

**§ 474.** Die in den vorhergehenden Paragraphen festgesetzten Strafen werden wie folgt um ein Drittel erhöht:

1. wenn die Aussetzung an einem verlassenen Ort stattgefunden hat;
2. wenn die Aussetzung an dem eigenen ehelichen oder als unehelich anerkannten oder an dem an Kindes Statt angenommenen Kinde oder umgekehrt begangen worden ist.

**§ 475.** Wird die Aussetzung an einem unehelichen Kinde innerhalb fünf Tagen nach seiner Geburt begangen, um die eigene Ehre oder die Ehre der Ehefrau oder der Mutter oder der Tochter oder der Enkelin oder der Schwester zu retten, so erhält der Täter eine Ermäßigung der in den vorhergehenden Paragraphen festgesetzten Strafen um ein Sechstel bis um ein Drittel.

**§ 476.** Wer ein Kind unter sieben Jahren oder eine Person, die infolge einer körperlichen oder geistigen Erkrankung hilflos ist, verlassen auffindet, wird mit schwerer Geldstrafe von fünf bis zu fünfzig Pfund bestraft, wenn er nicht unverzüglich der zuständigen Behörde oder ihren Beamten Anzeige erstattet.

Der gleichen Strafe unterliegt, wer einen Verwundeten oder eine in sonstiger Lebensgefahr befindliche Person oder einen Toten oder einen Scheintoten findet und es unterläßt, den ihm möglichen Beistand zu leisten oder unverzüglich der zuständigen Behörde oder ihren Beamten Anzeige zu erstatten.

Abschnitt 6.

## Mißbrauch von Erziehungs- und Züchtigungsmitteln sowie Mißhandlung von Angehörigen.

**§ 477.** Wer durch Mißbrauch von Erziehungs- und Züchtigungsmitteln einen anderen, der seiner Aufsicht unterstellt ist, oder der ihm zur Erziehung, Ausbildung, Pflege oder Beaufsichtigung oder zur Erlernung eines Berufs oder Gewerbes anvertraut ist, an der Gesundheit schädigt oder sonstwie gefährdet, wird mit Gefängnis bis zu achtzehn Monaten bestraft.

**§ 478.** Wer abgesehen von den im vorhergehenden Paragraphen angegebenen Fällen ein in seinem Haushalt lebendes Kind unter zwölf Jahren oder einen Angehörigen in grausamer Weise mißhandelt, wird mit Gefängnis von einem Monat bis zu dreißig Monaten bestraft.

Wird die Tat gegen einen Verwandten oder Verschwägerten aufsteigender Linie begangen, so ist die Strafe Gefängnis von drei Monaten bis zu drei Jahren.

Wird die Tat unter Ehegatten begangen, so tritt die Verfolgung nur auf Antrag des Verletzten ein.

Ist der verletzte Ehegatte noch minderjährig, so ist derjenige antragsberechtigt, der für den Fall, daß der Ehegatte noch ledig wäre, über ihn die elterliche Gewalt oder eine Vormundschaft ausübte.

**§ 479.** Wird jemand wegen eines der in den vorhergehenden beiden Paragraphen angeführten Vergehen bestraft, so kann das Gericht, wenn die Tat von einem Verwandten aufsteigender Linie begangen ist, gegen ihn auf Entziehung der elterlichen Gewalt über die Person und das Vermögen des anderen erkennen, an dem er dieses Vergehen begangen hat.

Auf den Vormund in gleicher Lage kann auf Entziehung der Vormundschaft und Verlust der vormundschaftlichen Befugnisse erkannt werden.

Abschnitt 7.

## Üble Nachrede und Beleidigung.

**§ 480.** Wer in einer Mitteilung an einzelne oder versammelte Personen von einem anderen eine Tatsache behauptet, die geeignet ist, ihn dem öffentlichen Haß oder der öffentlichen Verachtung preiszugeben, oder wer auf diese Weise von einem anderen eine ehrenrührige Tatsache behauptet, wird mit Gefängnis von drei bis zu dreißig Monaten und mit schwerer Geldstrafe von fünfzig bis zu fünfhundert Pfund bestraft.

Ist das Vergehen in einer öffentlich verbreiteten Schrift oder mit einer Zeichnung oder durch sonstige Veröffentlichung begangen worden, so wird der Täter mit Gefängnis von einem Jahr bis zu fünf Jahren und mit schwerer Geldstrafe nicht unter zweihundert Pfund bestraft.

**§ 481.** Wer das im vorhergehenden Paragraphen angeführte Vergehen begangen hat, wird, wenn er zum Zweck seiner Freisprechung einen derartigen Antrag stellt, zum Beweise der Wahrheit oder der Offenkundigkeit der behaupteten Tatsache nicht zugelassen.

Der Wahrheitsbeweis ist jedoch zuzulassen:

1. wenn die beleidigte Person ein Beamter ist und wenn sich die behauptete Tatsache auf die Ausübung seines Amtes bezieht; ausgenommen bleiben die in den §§ 266, 267 und 268 angeführten Fälle;
2. wenn gegen die beleidigte Person infolge der behaupteten Tatsache eine gerichtliche Verfolgung eingeleitet worden ist;
3. wenn der Beschuldigte förmlich beantragt, daß das Verfahren, das gegen ihn auf Antrag des Klägers eingeleitet worden ist, auch auf die Feststellung der Wahrheit oder Unwahrheit der behaupteten Tatsache ausgedehnt wird.

Wird die Wahrheit der über den Beleidigten behaupteten Tatsache erwiesen, oder wird der Beleidigte wegen der über ihn behaupteten Tatsache verurteilt, so erlöschen strafrechtliche Verfolgung und Strafvollstreckung.

Diese Ausnahmebestimmung findet keine Anwendung, wenn es sich um ein Vergehen gegen den nachfolgenden Paragraphen handelt.

**§ 482.** Wer in einer Mitteilung an einzelne oder versammelte Personen irgendwie die Ehre, den Ruf oder das Ansehen eines anderen verletzt, wird mit Gefängnis bis zu drei Monaten und mit schwerer Geldstrafe bis zu einhundert Pfund bestraft.

Wird die Tat in Gegenwart, auch in alleiniger Gegenwart, des Beleidigten oder in einem an ihn gerichteten Briefe begangen, so ist die Strafe Gefängnis bis zu vier Monaten und schwere Geldstrafe bis zu einhundertfünfzig Pfund.

Ist die Beleidigung in Gegenwart des Beleidigten und gleichzeitig öffentlich erfolgt, so ist die Strafe Gefängnis bis zu sechs Monaten und schwere Geldstrafe bis zu zweihundertfünfzig Pfund.

Ist die Beleidigung mit einem der im § 480 Absatz 2 angegebenen Mittel begangen, so ist die Strafe Gefängnis nicht unter sechs Monaten nebst schwerer Geldstrafe nicht unter einhundert Pfund.

**§ 483.** Wird das im vorhergehenden Paragraphen angeführte Vergehen gegen einen öffentlichen Amtsträger, wie z. B. gegen einen Gerichtsschreiber, in seiner Gegenwart und wegen der Ausführung seiner Amtsbefugnisse begangen, so trifft den Täter Gefängnisstrafe bis zu sechs Monaten.

Ist das Vergehen durch Veröffentlichung begangen, so wird die Strafe um ein Drittel erhöht.

**§ 484.** Ist bei Begehung der in den vorhergehenden Paragraphen angeführten Vergehen die Person des Beleidigten nicht ausdrücklich bezeichnet, oder ist die behauptete Tatsache nur angedeutet, so wird so verfahren, als ob die Person genau bezeichnet und die Beleidigung deutlich ausgesprochen wäre, wenn zweifelsfreie Hinweise über die Person des Beleidigten und die Beleidigung selbst vorliegen.

**§ 485.** Hat der Beleidigte durch ungerechtfertigtes Benehmen zur Begehung der Vergehen gegen den § 480 und § 482 selbst Veranlassung gegeben, so wird die Strafe um ein Drittel bis um zwei Drittel ermäßigt.

Bei wechselseitigen Beleidigungen kann das Gericht nach Bedarf entweder beide Parteien oder eine Partei freisprechen, wenn die andere Veranlassung zu der Beleidigung gegeben hat. Wer infolge Anwendung von Gewalt gegen eine Person eine Beleidigung ausspricht, bleibt straffrei.

**§ 486.** Parteien und Prozeßvertreter, die während eines schwebenden Prozesses in Schriftsätzen an das Gericht oder in mündlichen Ausführungen vor Gericht beleidigende Ausdrücke gebrauchen, unterliegen keiner strafrechtlichen Verfolgung. Jedoch kann das Gericht, abgesehen von der Anwendung der gesetzlichen Ordnungsvorschriften, die gänzliche oder teilweise Vernichtung der Schriftsätze anerkennen, die beleidigende Ausdrücke enthalten; außerdem kann auf Antrag des Beleidigten auf Leistung einer Entschädigung erkannt werden.

**§ 487.** Im Falle der Verurteilung wegen eines der in diesem Abschnitt angeführten Vergehen ist auch auf Einziehung der Schriften, Zeichnungen oder sonstigen Gegenstände zu erkennen, mit denen das Vergehen begangen wurde.

Auf Antrag des Beleidigten wird ein Auszug aus dem Urteil auf Kosten des Verurteilten in nicht mehr als drei vom Gericht zu bestimmenden Zeitungen veröffentlicht.

**§ 488.** Wegen der in diesem Abschnitt angeführten Vergehen wird nur auf Antrag des Verletzten eingeschritten.

Stirbt der Beleidigte vor Stellung des Strafantrages oder ist die Beleidigung gegen das Andenken eines Verstorbenen begangen, so können der Ehegatte des Verstorbenen, die Verwandten aufsteigender oder absteigender Linie, der Bruder oder die Schwester oder die in grader Linie Verschwägerten aufsteigender oder absteigender Linie oder auch unmittelbar die Erben selbst den Antrag stellen.

Wird eine gerichtliche, politische, bürgerliche oder militärische Körperschaft oder deren Vertreter beleidigt, so findet die strafrechtliche Verfolgung bei Körperschaften, die nicht die Form eines Ausschusses besitzen, auf Antrag des obersten Leiters statt. Handelt es sich um Vereinigungen und Gesellschaften, so ist nur der Leiter antragsberechtigt.

**§ 489.** Wird der Antrag vor Rechtskraft des Urteils zurückgenommen, dann erlischt die strafrechtliche Verfolgung.

**§ 490.** Die Strafverfolgung wegen der in diesem Abschnitt angeführten Vergehen verjährt im Falle des § 480 in einem Jahre und in den Fällen der §§ 482 und 485 in drei Jahren.

Zehnter Teil.

## Vergehen gegen das Eigentum.

Abschnitt 1.

### Diebstahl.

**§ 491.** Wer eine fremde bewegliche Sache einem anderen ohne dessen Einwilligung und Wissen von dem Orte, wo sie sich befindet, in der Absicht wegnimmt, sich zu bereichern, wird mit Gefängnis von drei Monaten bis zu drei Jahren bestraft.

**§ 492.** Tritt bei der Begehung des im vorhergehenden Paragraphen angeführten Vergehens einer der nachfolgenden Umstände hinzu, so beträgt die Strafe Gefängnis von sechs Monaten bis zu vier Jahren. Die Umstände sind:

1. Diebstahl an Gegenständen, die sich in amtlichen Behörden und Registraturen oder in öffentlichen Anstalten befinden sowie Diebstahl an Gegenständen, die sich zwar an anderen als den oben angeführten Orten befinden, aber zum öffentlichen Nutzen dienen;
2. Diebstahl an Gegenständen, die zum Schmuck oder zum Schutz von Begräbnisplätzen, Grabhügeln und Grabdenkmälern angebracht sind oder die zusammen mit der Leiche beerdigt worden sind;
3. Diebstahl in Gotteshäusern;
4. Taschendiebstahl an einem öffentlichen Platz oder an öffentlichen Orten;
5. Diebstahl an dem Eigentum oder an dem Geld von Reisenden, während sie dem Verkehr zu Lande oder zu Wasser dienende Beförderungsmittel benutzen oder Diebstahl in Verwaltungsräumen, Haltestellen oder Landungsstellen öffentlicher Verkehrsunternehmungen;
6. Diebstahl an Tieren in Ställen oder in sonstigen Unterbringungen oder Diebstahl an Tieren, die, nach Bedarf, sich auf freiem Feld befinden, sofern nicht die Bestimmungen des folgenden Paragraphen Nr. 12 Anwendung finden:
7. Diebstahl an geschlagenem Holz in Wäldern, an Bauholz, an geernteten und nach Bedarf noch im Freien gelassenen Bodenerzeugnissen sowie Diebstahl an den auf Feldern gelassenen landwirtschaftlichen Geräten;
8. Diebstahl an Gegenständen, die gewohnheitsmäßig oder bestimmungsgemäß dem öffentlichen Schutz überlassen sind.

**§ 493.** Die Strafe beträgt Zuchthaus von drei bis zu sechs Jahren:

1. wenn der Diebstahl unter Mißbrauch des aus wechselseitigen Beziehungen einer Dienst- oder Arbeitsleistung oder einer auch nur vorübergehenden Hausgenossenschaft oder unter Mißbrauch

einer Gefälligkeit an den Sachen begangen wird, die dem Dieb anvertraut worden sind;

2. wenn sich der Dieb die durch einen öffentlichen Unfall oder einen Aufruhr hervorgerufene Bedrängnis oder eine sonstige Bedrängnis, die den Eigentümer betroffen hat, zunutze macht;
3. wenn der Dieb, ohne mit dem Bestohlenen zusammen zu wohnen, den Diebstahl zur Nachtzeit in einem Gebäude oder in einem bewohnten Raum begeht;
4. wenn der Dieb, um den Diebstahl zu begehen oder die gestohlene Sache fortzuschaffen aus festen Stoffen angefertigte Vorrichtungen wie Wände, Verschläge, Fenster oder Eisengitter zerstört oder umlegt oder sonstwie vernichtet, auch wenn die Vernichtung nicht am Tatort selbst stattfindet;
5. wenn der Täter, um das Vergehen zu begehen oder die gestohlene Sache fortzuschaffen, ein Schloß mit einem falschen Schlüssel oder einem sonstigen Werkzeug öffnet oder einen von dem Eigentümer verlorenen Schlüssel zum Öffnen gebraucht;
6. wenn der Dieb, um den Diebstahl zu begehen oder die gestohlene Sache fortzuschaffen, in ein Gebäude oder in einen mit Mauern umgebenen Raum eindringt, oder in ein Haus oder in einen sonstigen Raum unter Überwindung von Hindernissen eindringt, die nur mit Kunstgriffen oder persönlicher Geschicklichkeit zu beseitigen sind;
7. wenn der Diebstahl mit Bruch eines Siegels ausgeführt wird, das auf Grund einer gesetzlichen Bestimmung oder einer behördlichen Anordnung von einem öffentlichen Beamten angelegt worden ist;
8. wenn der Diebstahl von einer verkleideten Person begangen wird;
9. wenn der Diebstahl von mehr als drei Personen gemeinsam begangen wird;
10. wenn der Dieb unbefugt ein amtliches Abzeichen trägt;
11. wenn die entwendete Sache ersichtlich zum Schutz vor öffentlichen Unfällen oder zur Verringerung ihrer Folgen bestimmt ist;
12. wenn der Diebstahl an Tieren begangen wird, die sich in unmittelbar an bewohnte Häuser grenzenden Einfriedigungen oder in sonstigen eingefriedigten Räumen befinden.

Treffen bei dem Diebstahl zwei oder mehr der oben angeführten Umstände zusammen, so ist die Strafe fünf bis zu zehn Jahren.

**§ 404.** Wer auf noch nicht gänzlich abgeernteten Feldern, Weingärten, Gärten ohne Erlaubnis des Eigentümers Feldfrüchte, Gemüse oder sonstige Erzeugnisse stiehlt, wird auf Antrag des Geschädigten mit Gefängnis bis zu fünf Monaten bestraft.

Abschnitt 2.

**Raub, räuberischer Überfall und erpresserische Entführung.**

**§ 495.** Wer mit Gewalt oder durch Androhung einer schweren Schädigung an der Person oder an dem Eigentum den Inhaber einer beweglichen Sache oder einen an dem Tatort befindlichen Dritten zwingt, eine Sache auszuliefern oder die Auslieferung der Sache zu dulden, wird mit Zuchthaus von drei bis zu zehn Jahren bestraft.

Der gleichen Strafe unterliegt, wer bei oder unmittelbar nach der Wegnahme einer Sache gegen den Eigentümer oder den am Tatort anwesenden Dritten Gewalt oder Drohung anwendet, um die Tat zu begehen oder zu vollenden oder um die Sache wegzuschaffen oder um sich oder seinen Gehilfen der Bestrafung zu entziehen.

**§ 496.** Wer einen anderen mit Gewalt oder durch Androhung eines schweren Schadens an der Person oder an dem Eigentum zwingt, eine Urkunde auszustellen oder zu unterschreiben oder zu vernichten oder zu zerstören, die für den anderen oder für den Dritten einen rechtlichen Nachteil mit sich bringt, wird mit Zuchthaus von drei bis zehn Jahren bestraft.

**§ 497.** Werden die in den vorhergehenden Paragraphen angegebenen Vergehen des Nachts oder unter Bedrohung mit Waffen oder mittels räuberischen Überfalls oder von mehr als zwei Personen, von denen auch nur eine die Waffen sichtbar trägt, oder von verkleideten Personen begangen, so ist die Strafe Zuchthaus von sieben bis zu fünfzehn Jahren.

**§ 498.** Wer dadurch, daß er in irgendeiner Weise Furcht vor einer Schädigung für die Person, für die Ehre oder für das Eigentum hervorruft oder dadurch, daß er die Anordnung einer Behörde vorspiegelt, jemanden zwingt, Geld, Sachen oder Urkunden, die eine rechtliche Wirkung besitzen, auszuliefern oder zu hinterlegen oder zur Verfügung des Täters zu stellen, wird mit Zuchthaus von fünf bis zu fünfzehn Jahren bestraft.

**§ 499.** Wer, um Geld, Sachen oder Urkunden, die eine rechtliche Wirkung besitzen, zu erpressen, einen anderen festsetzt oder in die Berge oder in die Wüste entführt, wird mit Zuchthaus von zehn bis zu fünfzehn Jahren bestraft, auch wenn er seinen Zweck nicht erreicht hat.

**§ 500.** Wer, abgesehen von den Fällen der §§ 64 und 65, die Übermittlung mündlicher oder schriftlicher Nachrichten zwecks Vermittlung einer erpresserischen Entführung übernimmt ohne Anzeige an die Behörde zu erstatten, wird mit Gefängnis von einem Jahr bis zu fünf Jahren bestraft.

**§ 501.** Beim Diebstahl gilt als Gewalt jede Handlung, durch die eine Person bewußtlos oder sonstwie unfähig zur Verteidigung gemacht wird.

**§ 502.** Im Sinne des Strafgesetzbuches beginnt die Nachtzeit eine Stunde nach Sonnenuntergang und endigt eine Stunde vor Sonnenaufgang.

Abschnitt 3.

## Betrug und Bankrott.

**§ 503.** Wer sich den guten Glauben eines anderen zunutze macht und ihn durch arglistige Täuschung in einen Irrtum versetzt, um sich oder einen Dritten unrechtmäßig zu bereichern, wird mit Gefängnis von drei Monaten bis zu drei Jahren und mit schwerer Geldstrafe nicht unter fünfzig Pfund bestraft.

Die Strafe beträgt Gefängnis von einem Jahr bis zu fünf Jahren:

1. wenn der Betrug begangen wird von Rechtsanwälten, Prozeßvertretern oder allgemein von Bevollmächtigten in Ausübung ihres Berufes oder bei Ausführung ihrer Obliegenheiten;
2. wenn der Betrug zum Nachteil einer öffentlichen Behörde oder einer dem öffentlichen Nutzen dienenden Wohltätigkeitsanstalt begangen wird;
3. wenn der Betrug begangen wird unter dem Vorwande, einen anderen dem Militärdienst zu entziehen.

**§ 504.** Wer sein Eigentum in der Absicht vernichtet, zerstört oder beschädigt, um für sich oder einen anderen die Versicherungssumme zu erlangen, oder um sich sonstwie unrechtmäßig zu bereichern, wird mit Gefängnis bis zu einem Jahr bestraft.

Ist der Zweck erreicht worden, so finden die Bestimmungen des vorhergehenden Paragraphen Anwendung.

**§ 505.** Wer, um sich oder einen anderen zu bereichern, die Bedürfnisse, die Leidenschaften oder die Unerfahrenheit eines Jugendlichen, eines Entmündigten oder einer nicht zurechnungsfähigen Person ausnutzt und von der genannten Person eine Urkunde unterschreiben läßt, die für die Person selbst oder für einen Dritten einen rechtlichen Nachteil nach sich zieht, wird mit Gefängnis von einem Jahr bis zu fünf Jahren und mit schwerer Geldstrafe nicht unter einhundert Pfund bestraft; es macht dabei keinen Unterschied, ob die Urkunde wegen der Geschäftsunfähigkeit des Ausstellers unwirksam ist.

**§ 506.** Wer einen betrügerischen Bankrott im Sinne des Handelsgesetzbuches begeht, wird ebenso wie sein Gehilfe mit zeitigem Zuchthaus bestraft.

**§ 507.** Wer einen einfachen Bankrott im Sinne des Handelsgesetzbuches begeht, wird mit Gefängnis von einem Monat bis zu zwei Jahren bestraft.

Abschnitt 4.

## Unterschlagung.

**§ 508.** Wer sich eine fremde Sache, die ihm mit der Verpflichtung zur Rückgabe oder zu einem bestimmten Gebrauch anvertraut oder sonstwie übergeben worden ist, zueignet, um sich oder einen

Dritten zu bereichern, wird auf Antrag des Geschädigten mit Gefängnis von zwei Monaten bis zu zwei Jahren und mit schwerer Geldstrafe nicht unter fünfzig Pfund bestraft.

**§ 509.** Wer ein unterschriebenes jedoch nicht ausgefülltes Blatt, das ihm mit der Verpflichtung der Rückgabe oder zu einem bestimmten Gebrauch anvertraut worden ist, so benutzt, daß dem Inhaber der Unterschrift ein Rechtsnachteil entsteht, oder dieses Blatt ausfüllt, wird auf Antrag des Geschädigten mit Gefängnis von drei Monaten bis zu drei Jahren und mit schwerer Geldstrafe nicht unter einhundertfünfzig Pfund bestraft.

Ist dieses unterschriebene jedoch nicht ausgefüllte Blatt dem Täter nicht anvertraut oder übergeben worden, sondern hat er es sich irgendwie verschafft, so wird er nach den Bestimmungen der Abschnitte 3 und 4 des Teils VI bestraft.

**§ 510.** Die Strafe beträgt Gefängnis von einem Jahr bis zu fünf Jahren, wenn die in den vorhergehenden beiden Paragraphen angeführten Vergehen an Sachen begangen werden, die dem Täter in Veranlassung seines Berufes, Geschäftsbetriebes oder Dienstes oder zur Aufbewahrung oder Verwaltung anvertraut oder als Sicherheit übergeben worden sind. Außerdem wird von Amts wegen eingeschritten.

**§ 511.** Auf Antrag des Geschädigten wird mit Gefängnis bis zu einem Jahr und mit schwerer Geldstrafe bis zu einhundert Pfund bestraft:

1. wer eine verlorene Sache findet und sie sich entgegen den Bestimmungen des Bürgerlichen Gesetzbuches über das Eigentum an Fundsachen zueignet;
2. wer sich eine fremde Sache zueignet, in deren Besitz er irrtümlich oder zufällig gelangt ist.

Wußte der Täter, wer der Eigentümer dieser Sache war, so kann die Strafe bis auf zwei Jahre erhöht werden.

### Abschnitt 5.

### Hehlerei.

**§ 512.** Wer, abgesehen von den Fällen des § 296, Geld oder sonstige Gegenstände, die aus einem Vergehen, an dem er selbst nicht teilgenommen hat, herrühren, wissentlich annimmt oder aufbewahrt oder verkauft, oder wer sonstwie die Annahme, die Aufbewahrung oder den Verkauf dieser Sachen vermittelt, wird mit Gefängnis bis zu zwei Jahren und mit schwerer Geldstrafe von zwanzig bis zu einhundert Pfund bestraft.

Sind die Gelder oder die Sachen durch ein Vergehen erlangt, das mit Zuchthaus bedroht ist, so besteht die Strafe in Gefängnis nicht unter einem Jahr und in schwerer Geldstrafe von dreißig bis zu zweihundert Pfund.

In den von diesen Bestimmungen vorgesehenen Fällen darf die Strafe für die Hehlerei die Hälfte des Betrages der Strafen nicht überschreiten, mit denen das Vergehen bedroht ist, durch das die Gelder oder die Gegenstände erlangt worden sind.

Der gewerbsmäßige Hehler wird in den im ersten Absatz angeführten Fällen mit Gefängnis von zwei bis zu vier Jahren bestraft. In jedem Falle ist noch auf schwere Geldstrafe von einhundert bis zu fünfhundert Pfund zu erkennen.

Abschnitt 6.

## Besitzstörung.

**§ 513.** Wer die Grenzen verändert oder entfernt, um sich fremdes unbewegliches Eigentum ganz oder teilweise anzueignen, oder sich sonstwie an diesem unbeweglichen Eigentum zu bereichern, wird mit Gefängnis von einem Monat bis zu zwei Jahren und mit schwerer Geldstrafe von dreißig bis zu zweihundert Pfund bestraft.

Wer, um sich unrechtmäßig zu bereichern, den Lauf eines öffentlichen oder privaten Gewässers verändert, unterliegt der gleichen Strafe.

**§ 514.** Werden die in dem vorhergehenden Paragraphen angeführten Taten mit Gewalt oder durch Drohung gegen Personen oder von mehreren Personen, von denen auch nur eine bewaffnet ist, oder von mehr als zehn unbewaffneten Personen begangen, so ist die Strafe Gefängnis von einem Jahr bis zu fünf Jahren und schwere Geldstrafe nicht unter einhundert Pfund.

**§ 515.** Wer mit Gewalt gegen Personen einen anderen in dem Besitz seiner Grundstücke stört, wird mit Gefängnis bis zu einem Jahr und mit schwerer Geldstrafe von fünfzehn bis zu einhundert Pfund bestraft.

Wird das Vergehen von mehreren Personen, von denen auch nur eine bewaffnet ist, begangen oder von mehr als zehn unbewaffneten Personen, so ist die Strafe Gefängnis von einem Jahr bis zu drei Jahren und schwere Geldstrafe von fünfzig bis zu dreihundert Pfund.

Abschnitt 7.

## Sachbeschädigung.

**§ 516.** Wer eine fremde bewegliche oder unbewegliche Sache zerstört, vernichtet oder beschädigt, wird auf Antrag des Geschädigten mit Gefängnis bis zu einem Jahr und mit schwerer Geldstrafe von zwanzig bis zu fünfzig Pfund bestraft.

Die Strafe beträgt Gefängnis von drei Monaten bis zu zwei Jahren und schwere Geldstrafe bis zu zweihundertfünfzig Pfund, wenn die Tat begangen worden ist:

1. aus Rache gegen einen Beamten in Veranlassung seines Berufes;
2. mit Gewalt gegen Personen oder mit einem der im § 493 Nr. 4 und 5 angegebenen Mittel;
3. an öffentlichen oder zum öffentlichen Gebrauch oder zur Ausübung eines Gottesdienstes bestimmten Gebäuden oder an dem im § 378 angegebenen Anstalten, wie militärische Anstalten, Depots, Arsenale, Kriegsschiffe oder an Denkmälern und Begräbnisplätzen;
4. an Dämmen oder an sonstigen Schutzanlagen oder Werken, die zum öffentlichen Schutz gegen Unfälle errichtet worden sind, oder an Geräten und Signalen, die dem öffentlichen Nutzen dienen;
5. an Kanälen, Kanalisations- und Bewässerungsanlagen und ähnlichen Werken;
6. an Weinpflanzungen, Fruchtbäumen, Fruchtsträuchern und an Bäumen in öffentlichen Anlagen.

Wegen dieser Taten findet eine Strafverfolgung von Amts wegen statt.

**§ 517.** Wird das im vorhergehenden Paragraphen angeführte Vergehen mit Gewalt oder Widerstand gegen die Staatsgewalt oder von zehn oder mehr Personen gemeinsam begangen, so wird jeder Teilnehmer in den Fällen, die im ersten Teil dieses Paragraphen vorgesehen sind, mit Gefängnis von zwei Monaten bis zu zwei Jahren und mit schwerer Geldstrafe bis zu einhundert Pfund bestraft; in den im zweiten Teil dieses Paragraphen vorgesehenen Fällen ist die Strafe Gefängnis von sechs Monaten bis zu vier Jahren nebst schwerer Geldstrafe bis zu zweihundertfünfzig Pfund. Die Strafverfolgung tritt von Amts wegen ein.

**§ 518.** Wer unbefugt in fremde Grundstücke, Weingärten und Gärten Vieh treibt oder dort beläßt und dadurch einen Schaden verursacht, wird auf Antrag des Geschädigten nach den Bestimmungen des ersten Absatzes des ersten Paragraphen dieses Abschnitts bestraft.

Wer sein Vieh auf fremde Grundstücke treibt in der alleinigen Absicht, es dort weiden zu lassen, oder wer in dieser Absicht das Eindringen seines Viehs in fremde Grundstücke duldet, wird auf Antrag des Geschädigten mit Gefängnis bis zu drei Monaten und mit schwerer Geldstrafe bis zu fünfzig Pfund bestraft.

Wer aus Fahrlässigkeit sein Vieh in fremde bestellte Acker oder Gärten oder Weingärten eindringen läßt, wird mit Haft von fünfzehn Tagen bis zu einem Monat oder mit leichter Geldstrafe von zehn bis zu dreißig Pfund bestraft.

**§ 519.** Der Schaden, der durch Begehung der im zweiten und dritten Absatz des vorhergehenden Paragraphen angeführten Taten entstanden ist, ist von dem Eigentümer des Tieres zu ersetzen. Er hat das Recht des Rückgriffs gegen denjenigen, der das Vieh dorthin getrieben oder das Eindringen des Viehs zugelassen hat.

Gehören die Tiere, die dort geweidet haben, mehreren Eigentümern, so haften für den Schaden, der von dem einen Tier oder mehreren Tieren verursacht worden ist, die Eigentümer der Tiere, die gemeinsam geweidet haben, als Gesamtschuldner.

Die Strafverfolgung findet nur auf Antrag statt.

**§ 520.** Wer in ein fremdes, von einem Graben, einer Einfriedigung oder einem festen Zaun umgebenes Grundstück unbefugt eindringt, oder es unbefugt durchschreitet, wird auf Antrag des Eigentümers mit Haft bis zu fünfzehn Tagen oder mit leichter Geldstrafe bis zu fünfzehn Pfund bestraft.

Im Wiederholungsfall ist die Strafe Haft bis zu einem Monat.

**§ 521.** Wer unnötig ein fremdes Tier tötet oder sonst unbrauchbar macht, wird auf Antrag des Eigentümers mit Gefängnis bis zu vier Monaten und mit schwerer Geldstrafe bis zu einhundert Pfund bestraft.

Ist der angerichtete Schaden nur leicht, so kann auch nur auf schwere Geldstrafe bis zu dreißig Pfund erkannt werden.

Hat das Tier nur eine Wertminderung erfahren, so ist die Strafe Gefängnis bis zu einem Monat nebst schwerer Geldstrafe bis zu dreißig Pfund.

Straffrei bleibt, wer Vögel oder Hühner, die sich auf seinem Geld oder Grundstück niedergelassen haben, tötet, während sie Schaden anrichten.

## Abschnitt 8.

## Gemeinsame Bestimmungen zu den vorhergehenden Abschnitten.

**§ 522.** Ist bei den im zehnten Teil angeführten Vergehen der Wert der Sache, die den Gegenstand des Vergehens bildet, oder der angerichtete Schaden sehr erheblich, so kann das Gericht die für das Vergehen vorgesehene Strafe bis um die Hälfte erhöhen; ist der Wert der Sache oder der angerichtete Schaden leicht, so kann die Strafe bis um die Hälfte, und wenn der Wert oder der Schaden sehr leicht ist, bis auf ein Drittel ermäßigt werden.

Zur Ermittlung des Wertes der Sache oder der Höhe des entstandenen Schadens wird der Wert zur Zeit der Tat berücksichtigt, dagegen nicht der vom Täter erlangte Vorteil.

Ist der Täter wegen eines Vergehens der gleichen Art rückfällig, oder handelt es sich um Vergehen, die im zweiten Abschnitt dieses Teils angeführt sind, so findet eine Ermäßigung der Strafe nicht statt.

**§ 523.** Wer ein Vergehen gegen die Abschnitte 1, 3, 4 und 5 dieses Teils, gegen den § 516 Absatz 1, gegen die §§ 518, 519 und 521 begangen hat, erhält, wenn er vor Einleitung eines Strafverfahrens den erlangten Vorteil zurückerstattet, oder, wenn die Erstattung nach der

Art der Tat oder nach den sonstigen Umständen nicht möglich ist, vollständigen Schadensersatz leistet, eine Ermäßigung der Strafe um ein Drittel bis um zwei Drittel.

Erfolgt die Erstattung oder die Leistung des Schadensersatzes während eines Strafverfahrens jedoch vor Fällung des Urteils, so wird die Strafe um ein Sechstel bis um ein Drittel ermäßigt.

**§ 524.** In den Fällen der Abschnitte 1, 3, 4 und 5 dieses Teils sowie der §§ 516 Absatz 1, 518, 519 und 521 wird nicht eingeschritten, wenn die Tat begangen ist:

1. zum Schaden des anderen gesetzlich nicht geschiedenen Ehegatten;
2. zum Schaden eines Verwandten aufsteigender oder absteigender Linie, eines Verschwägerten des gleichen Grades, des Adoptivvaters, der Adoptivmutter oder des Adoptivkindes;
3. zum Schaden des Bruders oder der Schwester, wenn sie mit dem Täter in Hausgemeinschaft leben.

Wird die Tat zum Schaden des gesetzlich geschiedenen anderen Ehegatten oder des Bruders oder der Schwester begangen, die mit dem Täter nicht in Hausgemeinschaft leben, oder des Onkels, der Tante oder eines Verschwägerten zweiten Grades, sofern diese Personen mit dem Täter in Hausgemeinschaft leben, so findet eine Verfolgung nur auf Antrag statt. Im übrigen wird die Strafe um ein Drittel ermäßigt.

**§ 525.** Wegen Vergehen gegen die Abschnitte 1 und 2 dieses Teils tritt zu der Strafe noch Stellung unter Polizeiaufsicht für die gleiche Dauer.

# Drittes Buch.

# Übertretungen.

## Erster Teil.

## Übertretungen gegen die öffentliche Ordnung.

### Abschnitt 1.

### Nichtbefolgung von Anordnungen zuständiger Behörden.

**§ 526.** Wer eine von der zuständigen Behörde rechtmäßig erlassene Anordnung übertritt, oder wer eine von der zuständigen Behörde zum Schutz der öffentlichen Ruhe, Sicherheit oder im Interesse der Rechtspflege erlassene Vorschrift nicht befolgt, wird mit Haft bis zu einem Monat und mit leichter Geldstrafe bis zu fünfzig Pfund bestraft.

**§ 527.** Wer bei einem gemeingefährlichen Unfall, bei einem Tumult oder bei Entdeckung eines Vergehens auf frischer Tat sich ohne triftigen Grund weigert, den erforderlichen Beistand zu leisten, oder den Beamten, die sich in Ausübung ihrer Dienstbefugnisse an ihn wenden, die erforderlichen Auskünfte zu erteilen, wird mit leichter Geldstrafe bis zu dreißig Pfund bestraft.

Wer in diesen Fällen wahrheitswidrige Auskünfte erteilt, wird mit leichter Geldstrafe bis zu fünfzig Pfund oder mit Haft bis zu einem Monat bestraft.

**§ 528.** Wer sich weigert, einem Beamten, der sich in Ausübung seiner Dienstbefugnisse befindet, seinen Namen, seinen Stand oder Beruf, seine Wohnung oder seinen Aufenthalt oder seinen Geburtsort oder eine sonstige persönliche Eigenschaft anzugeben, wird mit leichter Geldstrafe bis zu dreißig Pfund bestraft. Wer wahrheitswidrige Angaben macht, wird mit Haft bis zu einem Monat bestraft.

**§ 529.** Wer dem von der zuständigen Behörde rechtmäßig erlassenen Verbot zuwider außerhalb der zur Ausübung des Gottesdienstes bestimmten Orte eine gottesdienstliche Handlung vornimmt, oder wer auf öffentlichen Plätzen und Wegen religiöse oder profane Umzüge veranlaßt oder leitet, wird mit Haft bis zu einem Monat oder mit leichter Geldstrafe bis zu fünfzig Pfund bestraft.

Ist infolge dieser Tat eine öffentliche Unruhe oder ein Tumult entstanden, so ist auf beide Strafen zu erkennen.

## Abschnitt 2.

## Unterlassung der Anzeige von einem Vergehen.

**§ 530.** Der Arzt, Wundarzt, die Hebamme oder ein sonstiger Heilkundiger, die bei Leistung ihres berufsmäßigen Beistandes Spuren eines gegen Personen begangenen Vergehens feststellen, werden mit leichter Geldstrafe bis zu dreißig Pfund bestraft, wenn sie nicht nach Leistung des Beistandes den Sachverhalt dem Gericht oder der Polizei anzeigen, oder wenn sie die Anzeige verzögern; ausgenommen bleiben die Fälle, wo eine Anzeige die Person, der Beistand geleistet worden ist, der Gefahr einer Verfolgung aussetzen würde.

## Abschnitt 3.

## Münzübertretungen.

**§ 531.** Wer Münzen oder Geldscheine, deren Gesamtwert über einhundert Piaster beträgt, als echt angenommen hat und alsdann erkennt, daß sie falsch oder gefälscht sind, wird mit leichter Geldstrafe bis zu fünfzehn Pfund bestraft, wenn er sie nicht innerhalb von drei Tagen nach dieser Feststellung der Behörde abliefert und dabei möglichst genaue Angaben darüber macht, wo und wie er sie erhalten hat.

**§ 532.** Wer sich weigert, Münzen, die in der Türkei gesetzlichen Kurs haben, zum Nennwert anzunehmen, wird mit leichter Geldstrafe bis zu dreißig Pfund bestraft.

Abschnitt 4.

**Übertretungen, betreffend die Ausübung des Druckereigewerbes, den Vertrieb von Druckschriften und den Aushang von Anzeigen.**

**§ 533.** Wer unter Nichtbeachtung der gesetzlichen Vorschriften das Steindruckerei- oder Druckereigewerbe oder ein sonstiges Gewerbe ausübt, das in der mechanischen oder chemischen Vervielfältigung besteht, wird mit Haft bis zu einem Monat und mit leichter Geldstrafe von dreißig bis zu neunzig Pfund oder mit einer dieser Strafen bestraft.

**§ 534.** Wer ohne Erlaubnis der zuständigen Behörde, falls eine solche erforderlich ist, öffentlich oder an einem allgemein zugänglichen Ort Druckschriften, Zeichnungen oder handgeschriebene Schriften verkauft oder verteilt, wird mit leichter Geldstrafe bis zu dreißig Pfund bestraft.

Handelt es sich um Schriften, die behördlich beschlagnahmt sind, so ist die Strafe Haft bis zu einem Monat und leichte Geldstrafe von fünf bis zu fünfzig Pfund.

**§ 535.** Wer öffentlich oder an einem allgemein zugänglichen Ort bei dem Verkauf oder der Verteilung von Druckschriften, Zeichnungen oder handgeschriebenen Schriften in einer Weise, die geeignet ist, die öffentliche Ruhe zu stören, Ausrufe macht oder Nachrichten verkündet, wird mit leichter Geldstrafe bis zu fünfundzwanzig Pfund bestraft.

Sind die Nachrichten falsch oder erdichtet, so ist die Strafe Haft bis zu einem Monat oder leichte Geldstrafe bis zu fünfzig Pfund.

**§ 536.** Wer ohne Erlaubnis der zuständigen Behörde oder an anderen als den von der Behörde freigegebenen Orten Druckschriften, Zeichnungen oder handgeschriebene Schriften anschlägt oder anschlagen läßt, wird mit leichter Geldstrafe bis zu fünfzehn Pfund bestraft.

**§ 537.** Wer Druckschriften, Zeichnungen oder handgeschriebene Schriften, die von einer öffentlichen Behörde an Mauern angeschlagen worden sind, von der Mauer abreißt oder zerreißt oder sonstwie unleserlich macht, wird mit leichter Geldstrafe bis zu dreißig Pfund bestraft. Wird die Tat begangen, um die Behörde, die den Anschlag veranlaßt hat, verächtlich zu machen, so ist neben der Geldstrafe noch auf Haft bis zu einem Monat zu erkennen.

**§ 538.** Wer Druckschriften, die in der von der Behörde gestatteten Weise und an den von der Behörde erlaubten Orten von privater Seite angeschlagen worden sind, innerhalb von drei Tagen nach ihrem Anschlag abreißt oder zerreißt oder sonstwie unleserlich macht, wird mit leichter Geldstrafe bis zu fünfzehn Pfund bestraft.

Abschnitt 5.

**Unerlaubte Schaustellung und unerlaubte Betriebseröffnung.**

**§ 539.** Wer öffentliche Schaustellungen oder Wettbewerbe eröffnet oder solche unterhält, ohne die von der zuständigen Behörde zum Schutz der öffentlichen Ruhe erlassenen Vorschriften zu beachten, wird mit Gefängnis bis zu einem Monat und mit leichter Geldstrafe bis zu fünfzehn Pfund bestraft.

Im Wiederholungsfalle beträgt die leichte Geldstrafe nicht unter fünfzig Pfund.

**§ 540.** Wer ohne Erlaubnis der Behörde an öffentlichen oder allgemein zugänglichen Orten Belustigungen oder Unterhaltungen veranstaltet, wird mit leichter Geldstrafe bis zu dreißig Pfund bestraft. Wird die Übertretung entgegen dem von der zuständigen Behörde erlassenen Verbot begangen, so ist die Strafe Haft bis zu einem Monat und leichte Geldstrafe bis zu fünfzig Pfund.

**§ 541.** Wer Pfandleihen oder sonstige Betriebe, zu deren Eröffnung eine Erlaubnis der zuständigen Behörde erforderlich ist, ohne Erlaubnis eröffnet, wird mit leichter Geldstrafe bis zu dreißig Pfund bestraft.

Im Wiederholungsfalle ist noch auf Haft bis zu einem Monat zu erkennen.

Ist die Eröffnung erfolgt, obwohl die Erlaubnis hierzu verweigert worden war, so wird die Geldstrafe bis zu fünfundsiebzig Pfund erhöht. Im Wiederholungsfalle ist neben der Geldstrafe noch auf Haft bis zu zwei Monaten zu erkennen.

**§ 542.** Der Leiter eines der im vorhergehenden Paragraphen angegebenen Betriebes oder Pfandleihgeschäftes, der in seinem Betrieb die gesetzlichen Vorschriften oder die von der zuständigen Behörde gegebenen Anordnungen nicht beachtet, wird mit leichter Geldstrafe bis zu zwanzig Pfund bestraft.

Im Wiederholungsfalle ist neben der leichten Geldstrafe auf Haft bis zu fünfzehn Tagen und auf Untersagung der Ausübung des Berufes oder Gewerbes bis zu einem Monat zu erkennen.

**§ 543.** Wer jemanden zur entgeltlichen Beherbergung oder Beköstigung aufnimmt, ohne die vorgeschriebenen Eintragungen zu machen oder ohne die vorgeschriebenen Anzeigen zu erstatten, wird mit leichter Geldstrafe bis zu zehn Pfund bestraft.

Im Wiederholungsfalle ist die Geldstrafe bis auf dreißig Pfund zu erhöhen.

Ist die Übertretung entgegen dem Verbot der Behörde begangen, so trifft den Täter leichte Geldstrafe bis zu fünfundzwanzig Pfund; im Wiederholungsfalle wird er mit leichter Geldstrafe von fünfzehn bis zu neunzig Pfund bestraft.

## Abschnitt 6.

### Bettelei.

**§ 544.** Wer bettelt, obwohl er arbeitsfähig ist, wird zur Arbeitsleistung bei städtischen Arbeiten gegen Beköstigung für die Dauer von einer Woche bis zu einem Monat verurteilt.

Beim Rückfall beträgt die Dauer der Strafe fünfzehn Tage bis zu zwei Monaten.

**§ 545.** Wer Kinder unter fünfzehn Jahren zum Betteln anhält, oder wer seiner elterlichen oder vormundschaftlichen Gewalt unterstehende oder ihm zur Obhut und Beaufsichtigung übergebene Kinder unter fünfzehn Jahren betteln läßt oder zuläßt, daß sich ihrer ein anderer zum Betteln bedient, wird mit Haft bis zu drei Monaten und mit leichter Geldstrafe bis zu neunzig Pfund bestraft.

Abschnitt 7.

### Belästigung des Publikums.

**§ 546.** Wer die öffentliche Ruhe oder die Ausübung der täglichen Beschäftigung oder die Abhaltung von Versammlungen dadurch stört, daß er bei Ausübung seines Berufs oder Gewerbes ungebührlichen Lärm erregt oder Glocken oder sonstige Geräte ungebührlich benutzt, wird mit leichter Geldstrafe bis zu fünfzehn Pfund bestraft.

Wird die Übertretung nach zehn Uhr nachts begangen, so ist auf Geldstrafe bis zu dreißig Pfund zu erkennen.

Rückfällige werden im Falle des ersten Absatzes mit leichter Geldstrafe bis zu dreißig und im Falle des zweiten Absatzes mit leichter Geldstrafe bis zu fünfzig Pfund bestraft.

**§ 547.** Wer einen anderen öffentlich aus Mutwillen oder sonstwie ungebührlich belästigt oder stört, wird mit Haft bis zu fünfzehn Tagen oder mit leichter Geldstrafe bis zu dreißig Pfund bestraft.

**§ 548.** Wer an einem öffentlichen oder allgemein zugänglichen Ort die Leichtgläubigkeit anderer ausnutzt und sie durch Wahrsagerei und dergleichen Täuschungen schädigt oder dadurch die öffentliche Ruhe stört, wird mit Haft bis zu einem Monat bestraft.

Zweiter Teil.

## Übertretungen gegen die öffentliche Wohlfahrt.

Abschnitt 1.

### Übertretungen in bezug auf Waffen und Explosivstoffe.

**§ 549.** Wer ohne Erlaubnis der zuständigen Behörde in Städten und Ortschaften gesetzlich nicht verbotene Schußwaffen und blanke Waffen, wie lange Messer und Beile, führt, wird mit Haft bis zu dreißig Tagen oder mit leichter Geldstrafe bis zu dreißig Pfund bestraft.

**§ 550.** Mit leichter Geldstrafe bis zu dreißig Pfund wird bestraft:

1. wer eine der erwähnten Schußwaffen einem Kind unter fünfzehn Jahren oder einer Person, die mit dem Gebrauch von Schußwaffen nicht vertraut ist, oder einer nicht zurechnungsfähigen Person übergibt oder tragen läßt;
2. wer die erforderliche Sorgfalt unterläßt, um zu verhüten, daß

sich eine der oben erwähnten Personen leicht in den Besitz dieser Schußwaffen setzen kann;

3. wer geladene Schußwaffen in Ansammlungen von Menschen trägt.

Die Strafbarkeit wird nicht dadurch ausgeschlossen, daß der Täter eine amtliche Erlaubnis zur Führung der Waffen besitzt.

**§ 551.** Wer ohne behördliche Erlaubnis feuergefährliche Werke ausführt oder entzündliche Stoffe entzündet, oder wer in gemeingefährlicher oder die Ruhe störender Weise Feuerwerkskörper zerplatzen läßt oder abbrennt, oder wer in einer bewohnten Ortschaft oder in deren Nähe oder auf öffentlichen Wegen ohne Notwendigkeit eine Schußwaffe abfeuert, wird mit leichter Geldstrafe bis zu fünfzig Pfund bestraft. Je nach der Schwere der Übertretung kann daneben noch auf Haft bis zu dreißig Tagen erkannt werden.

Abschnitt 2.

## Einsturz und fahrlässige Unterlassung einer Ausbesserung.

**§ 552.** Wer durch Fahrlässigkeit den Einsturz eines Gebäudes, an dessen Entwurf oder Ausführung er teilgenommen hat, verschuldet, wird, wenn durch den Einsturz ein anderer nicht geschädigt worden ist, mit leichter Geldstrafe nicht unter fünfundzwanzig Pfund bestraft; es kann auch noch auf zeitige Untersagung des Berufs oder Gewerbes erkannt werden.

Die Bestimmungen dieses Paragraphen gelten auch für den Einsturz von Baugerüsten und Brücken.

**§ 553.** Droht ein Gebäude oder ein sonstiger Bau unter Gefahr für einen anderen ganz oder zum Teil einzustürzen, so wird der Eigentümer oder dessen Vertreter oder wer sonst zur Beaufsichtigung oder Erhaltung des Gebäudes oder Baues verpflichtet ist, mit leichter Geldstrafe bis zu fünfundzwanzig Pfund bestraft, wenn er nicht die zur Beseitigung der Gefahr erforderlichen Maßnahmen trifft; wer dabei den Anordnungen der zuständigen Behörde zuwiderhandelt, wird mit Geldstrafe bis zu fünfzig Pfund bestraft.

**§ 554.** Ist ein Gebäude oder ein sonstiger Bau ganz oder zum Teil eingestürzt, so wird derjenige, der es fahrlässig unterläßt, die aus dem Einsturz noch weiter drohende Gefahr durch Ausbesserung oder mit einem sonstigen Mittel zu beseitigen, mit leichter Geldstrafe nicht unter dreißig Pfund bestraft.

Abschnitt 3.

## Übertretungen in bezug auf Signale und Vorrichtungen zum öffentlichen Nutzen.

**§ 555.** Wer an Orten öffentlichen Verkehrs Bauarbeiten ausführt oder dort Gegenstände aufstellt, wird, wenn er es unterläßt, die zur Abwendung drohender Gefahren gesetzlich vorgeschriebenen Zeichen oder Schutzvorrichtungen aufzustellen, mit leichter Geldstrafe bis zu dreißig Pfund bestraft; wer diese Zeichen willkürlich entfernt, wird mit leichter Geldstrafe bis zu fünfzehn Pfund bestraft. In beiden Fällen kann neben der leichten Geldstrafe, je nach der Schwere der entstandenen Gefahr, auf Haft von fünfzehn Tagen bis zu einem Monat erkannt werden.

**§ 556.** Wer Beleuchtungskörper, die der öffentlichen Beleuchtung dienen, willkürlich auslöscht, wird mit leichter Geldstrafe bis zu dreißig Pfund bestraft.

**§ 557.** Wer feuergefährliche Betriebe, Öfen und Fabriken nicht von Zeit zu Zeit reinigt und ausbessert, wird mit leichter Geldstrafe von fünfzehn bis zu dreißig Pfund bestraft.

Abschnitt 4.

## Wegwerfen von Gegenständen.

**§ 558.** Wer an Orten, wo Menschen verkehren, oder auf einen Hof, der mehreren Familien gemeinsam ist, Sachen wirft oder ausgießt, die einen Menschen verwunden oder beschmutzen können, wird mit Haft bis zu zehn Tagen oder mit leichter Geldstrafe bis zu zehn Pfund bestraft.

**§ 559.** Wer, ohne die erforderliche Sorgfalt zu üben, an Fenstern, auf Dächern, Terrassen oder an sonstigen Stellen, die auf Straßen und Wege gehen, wo Menschen verkehren, Sachen aufstellt oder hängt, die beim Fallen die Vorübergehenden verletzen oder beschmutzen können, wird mit leichter Geldstrafe bis zu zehn Pfund bestraft.

Läßt sich der Täter nicht feststellen, dann trifft die Strafe den Verwalter oder Besitzer des Gebäudes, sofern sie in der Lage waren, die Tat zu verhindern.

Abschnitt 5.

## Übertretungen betreffend fahrlässige Bewachung Geisteskranker.

**§ 560.** Wer Geisteskranke, die seiner Obhut unterstellt sind, sich frei bewegen läßt, oder wer von der Entweichung eines solchen Geisteskranken nicht unverzüglich der zuständigen Behörde Nachricht gibt, wird mit leichter Geldstrafe bis zu fünfundzwanzig Pfund bestraft.

**§ 561.** Wer, ohne der zuständigen Behörde sofort Nachricht zu geben, oder, falls eine Ermächtigung erforderlich ist, ohne diese Ermächtigung, eine Person, von der er weiß, daß sie geisteskrank ist, zur Obhut annimmt, oder wer eine solche Person sich frei bewegen läßt, wird mit leichter Geldstrafe von fünf bis zu fünfzig Pfund bestraft. Je nach der Schwere des Falles kann daneben noch auf Haft bis zu einem Monat erkannt werden.

**§ 562.** Ist der Täter der Leiter einer Irrenanstalt oder ein Heilkundiger, so kann neben den in dem vorhergehenden Paragraphen festgesetzten Strafen noch die Strafe der zeitigen Untersagung der Ausübung des Berufes oder Gewerbes eintreten.

Abschnitt 6.

## Übertretungen in bezug auf die Führung und Beaufsichtigung von Wagen und Tieren.

**§ 563.** Wer, ohne die vorschriftsmäßigen Vorsichtsmaßnahmen zu treffen, wilde oder sonstwie gefährliche Tiere, die ihm gehören oder ihm zur Bewachung übergeben worden sind, freiläßt, oder wer solche Tiere schlecht beaufsichtigt, oder wer tollwütige oder tollwutverdächtige Tiere nicht sofort der zuständigen Behörde meldet, wird mit Haft bis zu fünfzehn Tagen bestraft.

**§ 564.** Wer angebundene oder losgebundene Zug- oder Reittiere an zugänglichen Orten ohne Bewachung läßt oder sich selbst überläßt, oder wer solche Tiere nicht mit der erforderlichen Sorgfalt führt oder wer sie durch unerfahrene Personen führen läßt, oder wer durch nachlässige Anspannung oder Führung oder dadurch, daß er sie reizt oder scheu macht, einen anderen gefährdet, wird mit Haft bis zu einem Monat bestraft.

Ist der Täter ein konzessionierter Kutscher oder ein Treiber, so kann daneben noch auf Untersagung der Ausübung des Berufes oder Gewerbes bis zu einem Monat erkannt werden.

**§ 565.** Wer auf Straßen oder Orten öffentlichen Verkehrs oder allgemein zugänglichen Orten Tiere, Wagen oder Kraftwagen mit Gefahr für die Sicherheit von Personen oder Sachen führt, wird mit Haft bis zu zwanzig Tagen und mit leichter Geldstrafe bis zu zwanzig Pfund bestraft. Ist der Täter ein konzessionierter Kutscher, Kraftfahrer oder Treiber, so kann daneben noch auf Untersagung der Ausübung des Berufs oder Gewerbes bis zu einem Monat erkannt werden.

Abschnitt 7.

## Andere gemeingefährliche Übertretungen.

**§ 566.** Wer durch Fahrlässigkeit oder selbst durch Ungeschicklichkeit Personen gefährdet oder die Gefahr eines schweren Sachschadens entstehen läßt, wird mit leichter Geldstrafe bis zu zwanzig Pfund oder mit Haft bis zu zwanzig Tagen bestraft.

Bedeutet die Tat gleichzeitig einen Verstoß gegen die Vorschriften auf dem Gebiet der Kunst, des Handels oder des Gewerbes, so ist die Strafe, soweit das Gesetz nicht ausdrücklich andere Bestimmungen vorsieht, Haft von sieben bis zu dreißig Tagen und die Untersagung der Ausübung des Berufes oder Gewerbes bis zu einem Monat.

Dritter Teil.

# Übertretungen gegen die guten Sitten.

Abschnitt 1.

## Glücksspiele.

**§ 567.** Wer an öffentlichen oder allgemein zugänglichen Orten Glücksspiele abhält oder zur Abhaltung von Glücksspielen einen Ort bereitstellt, wird mit Haft bis zu einem Monat, und im Rückfall mit Haft bis zu zwei Monaten bestraft. In beiden Fällen ist auch noch auf leichte Geldstrafe nicht unter fünfzig Pfund zu erkennen.

Spielgeräte oder für die Abhaltung des Spiels verwendete Gegenstände, die eingesetzten Gelder oder Gegenstände, die an dem Ort, wo gespielt wurde, festgestellt werden, sind einzuziehen. Die Strafe ist Haft bis zu zwei Monaten und im Rückfall Haft nicht unter zwei Monaten:

1. wenn die Tat gewohnheitsmäßig begangen wird;
2. wenn jemand bei Begehung der im ersten Absatz angegebenen Übertretung den anderen Glücksspielern gegenüber die Bank gehalten hat.

Im letzten Fall kann auch auf zeitige Untersagung der Ausübung des Berufs oder Gewerbes bis zu einem Monat erkannt werden.

**§ 568.** Wer, ohne an der im vorhergehenden Paragraphen angeführten Übertretung teilgenommen zu haben, sich an einem öffentlichen oder allgemein zugänglichen Orte an einem Glücksspiel beteiligt, wird mit leichter Geldstrafe bis zu fünfzig Pfund bestraft.

**§ 569.** Im Sinne des Strafgesetzbuches sind unter Glücksspielen sämtliche Spiele zu verstehen, die in gewinnsüchtiger Absicht vorgenommen werden und bei denen der Gewinn oder Verlust lediglich vom Zufall abhängt.

**§ 570.** Bei Anwendung der Bestimmungen in den vorhergehenden Paragraphen gelten als allgemein zugängliche Orte auch von Privatgesellschaften gehaltene Orte, wenn für die Benutzung der Spielgeräte eine Gebühr genommen wird sowie solche Orte, wo gewohnheitsmäßig gespielt wird und Orte, zu denen jeder zum Zweck des Spiels, auch ohne Eintrittsgeld, Zutritt hat.

Abschnitt 2.

## Trunkenheit.

**§ 571.** Wer an einem öffentlichen oder allgemein zugänglichen Orte sich in einem Zustand offensichtlicher Trunkenheit befindet und öffentlichen Anstoß erregt, wird mit Haft bis zu fünfzehn Tagen und mit leichter Geldstrafe bis zu fünfzehn Pfund bestraft.

**§ 572.** Wer sich in einem im vorhergehenden Paragraphen angeführten Zustand der Trunkenheit befindet und dabei andere belästigt oder die öffentliche Ruhe stört, wird mit Haft bis zu zwei Monaten bestraft.

Gewohnheitsmäßige Trinker werden mit Haft nicht unter neunzig Tagen bestraft.

Gewohnheitsmäßiger Trinker ist, wer, nachdem er bereits zweimal verurteilt worden ist, die Tat abermals begeht.

**§ 573.** Gewohnheitsmäßige Trinker werden zur Überweisung in ein Krankenhaus bis zur ärztlich festgestellten Heilung, jedoch nicht für eine Zeit unter sechs Monaten, verurteilt. Befindet sich an dem Ort des Verurteilten kein Krankenhaus, so ist er an einen Ort zu bringen, wo sich ein Krankenhaus befindet.

**§ 574.** Wer an einem öffentlichen oder allgemein zugänglichen Ort einen anderen durch Verabfolgung von Getränken oder sonstigen berauschenden Stoffen betrunken macht, oder wer einem bereits Betrunkenen diese Stoffe verabfolgt, wird mit leichter Geldstrafe von dreißig bis zu fünfzig Pfund bestraft.

Wer berauschende Getränke einem Jugendlichen unter achtzehn Jahren oder einer Person verabfolgt, die infolge geistiger Erkrankung ersichtlich nicht zurechnungsfähig ist, wird mit Haft bis zu zwei Monaten bestraft. Handelt der Täter mit den Getränken, so ist noch mit zeitiger Untersagung der Ausübung des Berufs oder Gewerbes zu bestrafen.

**§ 575.** Wer in der im ersten Absatz des vorhergehenden Paragraphen vorgesehenen Weise jemanden betrunken gemacht hat und sich des nicht mehr zurechnungsfähigen Betrunkenen nicht in der erforderlichen Weise annimmt, sondern auf die Straße entläßt, erhält außer der im ersten Absatz vorgesehenen Strafe Haft von drei Tagen bis zu einem Monat.

Abschnitt 3.

## Übertretungen in bezug auf die Sittlichkeit.

**§ 576.** Wer sich öffentlich in unanständiger Kleidung oder Haltung zeigt, oder wer durch Worte, Singen oder auf sonstige Weise den öffentlichen Anstand verletzt, wird mit Haft bis zu einem Monat und mit leichter Geldstrafe von fünf bis zu dreißig Pfund verurteilt.

Abschnitt 4.

## Tierquälerei.

**§ 577.** Wer Tiere grausam quält oder unnötig schlägt oder verletzt, oder sie über ihre Kräfte ermüdet, wird mit leichter Geldstrafe bis zu zehn Pfund bestraft.

Vierter Teil.

# Übertretungen in bezug auf den Schutz von Eigentum.

Abschnitt 1.

## Besitz von Gegenständen, deren Eigentum nicht bewiesen werden kann.

**§ 578.** Wer, nachdem er wegen Bettelei, Diebstahl, Raub, räuberischem Überfall, Betrug oder Hehlerei verurteilt worden ist, im Besitz von Geldern oder Sachen betroffen wird, die mit seiner Lage nicht übereinstimmen, wird, wenn er ihren rechtmäßigen Erwerb nicht nachweisen kann, mit Haft bis zu zwei Monaten bestraft.

Befindet sich eine solche Person im Besitz falscher oder nachgemachter Schlüssel oder sonstiger zum Öffnen oder Beschädigen von Schlössern bestimmten Werkzeugen und Dietrichen, so ist die Strafe Haft bis zu zwei Monaten, wenn er nicht nachweisen kann, zu welchem rechtmäßigen Gebrauch diese Gegenstände bestimmt sind; wird die Person zur Nachtzeit angetroffen, so ist die Strafe Haft von zwei bis zu sechs Monaten. Die angegebenen Gegenstände werden eingezogen.

Abschnitt 2.

## Fahrlässige Unterlassung im Betriebe eines Handelsgeschäfts oder einer Pfandleihe.

**§ 579.** Wer Gegenstände, die nach dem Äußeren und dem Auftreten der sie anbietenden Person oder nach dem für sie geforderten Preis aus einem Vergehen zu stammen scheinen, kauft, zum Pfand oder zur Hinterlegung oder an Zahlungs Statt annimmt, ohne zuvor ihren rechtmäßigen Ursprung festgestellt zu haben, wird mit leichter Geldstrafe bis zu fünfzehn Pfund bestraft.

Ist der Täter eine der im vorhergehenden Paragraphen genannten Personen, so erhält er daneben noch Haft bis zu zwei Monaten. Straffrei bleibt, wer den rechtmäßigen Ursprung der Gegenstände nachweist.

**§ 580.** Wer, nachdem er Gelder in Empfang genommen oder Sachen gekauft hat, oder sonstwie in den Besitz dieser Gelder oder Sachen gelangt ist, ihren unrechtmäßigen Ursprung erfährt, wird, wenn er es unterläßt, der zuständigen Behörde unverzüglich Anzeige zu erstatten, mit leichter Geldstrafe bis zu dreißig Pfund bestraft; daneben kann auch auf Haft bis zu zwanzig Tagen erkannt werden.

**§ 581.** Wer mit Kostbarkeiten oder mit gebrauchten Sachen Handel treibt oder ein Pfandleihgeschäft betreibt, wird, wenn er die für diesen Geschäftsbetrieb erlassenen Vorschriften nicht beachtet, mit Haft bis zu einem Monat oder mit leichter Geldstrafe bis zu fünfzig Pfund bestraft.

Im Wiederholungsfalle ist die Strafe Haft von fünfzehn Tagen bis zu zwei Monaten nebst zeitiger Untersagung der Ausübung des Berufs oder Gewerbes.

Abschnitt 3.

## Verkauf von Schlüsseln und Dietrichen sowie unerlaubtes Öffnen von Schlössern.

**§ 582.** Der Schmied, Schlosser oder ein sonstiger Handwerker, der dem ersten Besten Dietriche verkauft oder anvertraut oder nach einem Wachsabdruck oder einem sonstigen Abdruck Schlüssel für einen anderen als denjenigen anfertigt, der als Eigentümer der zu öffnenden Orte oder Sachen oder als dessen Vertreter bekannt ist, wird mit Haft bis zu zwei Monaten und mit leichter Geldstrafe bis zu dreißig Pfund bestraft.

**§ 583.** Der Schmied, Schlosser oder ein sonstiger Handwerker, die von einem anderen um die Öffnung eines Schlosses oder Verschlusses ersucht worden sind, werden mit Haft bis zu zwanzig Tagen und mit leichter Geldstrafe bis zu zwanzig Pfund bestraft, wenn sie die Öffnung vornehmen, ohne sich vorher zu vergewissern, daß der Antragsteller der Besitzer des Ortes oder der Sache oder sein Vertreter ist.

Abschnitt 4.

## Der Gebrauch unzulässiger Maße und Gewichte.

**§ 584.** Ladenbesitzer, die andere als die gesetzlich vorgeschriebenen Maße und Gewichte benutzen, werden mit leichter Geldstrafe bis zu dreißig Pfund bestraft. Im Wiederholungsfalle wird die Strafe bis auf einhundert Pfund erhöht, oder es wird auf Haft bis zu drei Monaten erkannt.

Schlußbestimmungen.

**§ 585.** Findet sich die Strafandrohung für Taten, die auf Grund besonderer Gesetze verboten sind, in dem Strafgesetzbuch von 1274, so finden für dieses Vergehen oder für diese Übertretung die Vorschriften dieses Gesetzbuches Anwendung.

**§ 586.** Findet sich die Strafandrohung für eine Tat, die auf Grund besonderer gesetzlicher Bestimmungen verboten ist, im § 99 Absatz 3 des Strafgesetzbuchs von 1274, so finden die Bestimmungen des § 526 dieses Gesetzes Anwendung.

**§ 587.** Bei noch heute gültigen Gesetzen, deren Bestimmungen auf der Einteilung in Verbrechen, Vergehen und Übertretungen beruhen, sind in Zukunft unter »Abschreckungsstrafen« folgende Strafen zu verstehen: Lebenslanges oder zeitiges Zuchthaus, Gefängnis über fünf Jahre, dauernde Untersagung der Bekleidung öffentlicher Ämter sowie lebenslange Verweisung. Unter »Verbrechen« sind die mit diesen Strafen bedrohten Vergehen zu verstehen. Unter »Besserungsstrafen« sind zu verstehen: Gefängnis von oder bis zu fünf Jahren, zeitige Verweisung, schwere Geldstrafe. Der Ausdruck »djunha« (Vergehen) ist dem Ausdruck »djürm« (Vergehen) gleichzusetzen. Unter »Ordnungsstrafen« sind zu verstehen: Haft, leichte Geldstrafe und die Untersagung der Ausübung eines Berufes oder Gewerbes.

**§ 588.** Ist auf Grund besonderer gesetzlicher Bestimmungen auf Zwangsarbeit oder Festungshaft erkannt worden, oder sind Verurteilungen zu diesen Strafen bei Inkrafttreten dieses Strafgesetzbuches rechtskräftig geworden, so wird Zwangsarbeit mit Gefängnis und Festungshaft mit Verweisung vollstreckt, wobei die Strafdauer entsprechend anzupassen ist.

**§ 589.** Die Bestimmungen über die Erhöhung der Einzelhaft, die im Siebenten und Achten Teil des Ersten Buches vorgesehen ist, werden bis zur Einrichtung entsprechender Strafanstalten durch Verdoppelung der Einzelhaft vollstreckt.

**§ 590.** Das Strafgesetzbuch vom Jahre 1274 tritt nebst seinen Zusatzgesetzen außer Kraft. Gleichfalls treten die übrigen Gesetze außer Kraft, die den Bestimmungen dieses Gesetzes widersprechen.

**§ 591.** Dieses Gesetz tritt am 1. Juli 1926 in Kraft.

**§ 592.** Mit der Ausführung dieses Gesetzes ist der Justizminister beauftragt.

Gedruckt bei A. W. Hayn's Erben, Potsdam

**Walter de Gruyter & Co.** **Berlin W 10 und Leipzig**
Postscheckkonto: Berlin NW 7 Nr. 59533

# Lehrbuch des Deutschen Strafrechts

Von
**Dr. Franz von Liszt**
weil. o. Professor an der Universität Berlin

Fünfundzwanzigste Auflage

Nach dem Tode des Verfassers herausgegeben von
**Dr. Eberhard Schmidt**
Professor an der Universität Kiel

Im Druck

*„Das Lisztsche Lehrbuch läßt die besten Eigenschaften seines Verfassers erkennen. Neben der bis ins einzelne gehenden Durcharbeitung des geltenden Rechts zeigt es die Ziele auf, nach denen der Verfasser die Entwicklung hingelenkt sehen will, und mit seinen knappen, aber stets inhaltsreichen geschichtlichen und rechtsvergleichenden Ausblicken führt es das Strafrecht als ein Weltproblem vor. Der lebendige Fluß der Darstellung, die sich von kahler Nüchternheit, geschraubter Gelahrtheit und überspanntem Hochflug gleichmäßig fernhält, für den Anfänger wie für den Fortgeschrittenen verständlich ist, macht den Gebrauch des Buches zum Genuß."*
*Leipziger Zeitschrift für deutsches Recht.*

# Strafgesetzbuch

für das Deutsche Reich mit Nebengesetzen
Textausgabe mit Anmerkungen und Sachregister

Bearbeitet von den
Professoren Dr. **Franz von Liszt** und Dr. **Ernst Delaquis**
**27. Auflage, bearbeitet von**
Professor Dr. **Eduard Kohlrausch**

1927. Taschenformat. X, 602 Seiten. Gebunden RM. 8.—
(Guttentagsche Sammlung Deutscher Reichsgesetze Band 2)

*„Schon die hohe Auflagenziffer beweist das Bedürfnis der Praxis für eine Ausgabe wie die vorliegende. Es ist in der Tat ein Buch, an Hand dessen eine schnelle und zuverlässige Orientierung über die wichtigsten Auslegungsfragen möglich ist. Der Kern der Dinge wird klar herausgestellt. Wichtige Reichsgerichtsentscheidungen werden als Beleg oder als Beispiel angeschlossen. Die neue Auflage ist überall auf den gegenwärtigen Stand der Rechtsprechung gebracht. So dient das Buch in gleicher Weise dem Studierenden zur Einführung in eine Lektüre des Gesetzes wie dem Praktiker zur schnellen Auffindung einer Entscheidung."*
*Rechtsanwalt Dr. Max Alsberg in der „Juristischen Wochenschrift".*

FSC
www.fsc.org
MIX
Papier | Fördert
gute Waldnutzung
FSC® C083411

Kolibri 360 GmbH
Ferdinand-Jühlke-Straße 7
99095 Erfurt, Deutschland
produktsicherheit@kolibri360.de